Florian Bartl

55 Methoden Latein

einfach, kreativ, motivierend

Auer

Die Internetadressen, die in diesem Werk angegeben sind, wurden vom Verlag sorgfältig geprüft (Redaktionsschluss Februar 2018). Da wir auf die externen Seiten weder inhaltliche noch gestalterische Einflussmöglichkeiten haben, können wir nicht garantieren, dass die Inhalte zu einem späteren Zeitpunkt noch dieselben sind wie zum Zeitpunkt der Drucklegung. Der Auer Verlag übernimmt deshalb keine Gewähr für die Aktualität und den Inhalt dieser Internetseiten oder solcher, die mit ihnen verlinkt sind, und schließt jegliche Haftung aus.

Hinweisen an info@auer-verlag.de auf veränderte Inhalte verlinkter Seiten werden wir selbstverständlich nachgehen.

Bildquelle:
S. 55: Smartphone © L_amica – Fotolia

Gedruckt auf umweltbewusst gefertigtem, chlorfrei gebleichtem und alterungsbeständigem Papier.

2. Auflage 2018
Nach den seit 2006 amtlich gültigen Regelungen der Rechtschreibung

Illustrationen: Steffi Aufmuth, Corina Beurenmeister, Boris Braun, Marion El-Khalafawi, Hendrik, Kranenberg, Julia Flasche, Denise Müller, Steffen Jähde, Thorsten Trantow
Satz: Fotosatz H. Buck, Kumhausen
Druck und Bindung: Kessler Druck + Medien GmbH, Bobingen
ISBN 978-3-403-**07770**-1
www.auer-verlag.de

Inhalt

Das aus dem Griechischen abgeleitete Wort „Methode“ bezeichnet den Weg zu einem Ziel hin.
Im Unterricht ist eine Methode somit der Weg dorthin, den Schülern den Lernstoff zu vermitteln. Es ist zweckmäßig, dass die Schüler Interesse am Thema bekommen und dabei die Bereitschaft entwickeln, sich damit gerne auseinanderzusetzen.
Methodenkompetenz auf Seiten der Lehrer ist daher ein wichtiger Baustein pädagogischer Professionalität. Methodische Variation und Vielfalt sind essentiell für guten Unterricht, müssen aber auch immer hinterfragt und an die Lerngruppe angepasst werden, damit sie zu zufriedenstellenden Ergebnissen führen können. Ein zentraler Bestandteil des Lateinunterrichts ist das Übersetzen lateinischer Texte ins Deutsche. Dabei kann bei den Schülern schnell Eintönigkeit und Langeweile aufkommen, ebenso wie Überforderung. Aus diesem Grund bietet es sich an, das Übersetzen mit den verschiedensten methodischen Varianten zu verknüpfen, sodass die Schüler immer wieder neue Wege kennenlernen und somit stets motiviert an einen Text herangehen können. Zudem schaffen verschiedene Methoden in heterogenen Lerngruppen Zugänge für verschiedene Lerntypen und eröffnen dadurch Möglichkeiten, um differenzierten Leistungsniveaus gerecht zu werden.

Bei der Planung einer Unterrichtsstunde gilt es genau zu prüfen, ob die angestrebten Ziele mit den gewählten Methoden zu erreichen sind oder ob andere Kombinationen stimmiger wären.

Ein Ziel modernen Unterrichts, das mit verschiedenen Methoden gut zu erreichen ist, stellt der schüler- bzw. handlungsorientierte Unterricht dar. Dennoch darf die Rolle des Lehrers nicht vernachlässigt werden. Auch hier muss abgewägt werden, wann eine Schülerzentrierung einer Lehrerzentrierung vorzuziehen ist.

Eng verknüpft mit einer Handlungsorientierung ist die sog. Kompetenzorientierung. Dabei sollen die Schüler darauf vorbereitet werden, neue Aufgaben- bzw. Problemstellungen selbstständig zu lösen.

Man unterscheidet dabei folgende Kompetenzbereiche:
- Methodenkompetenz: zielgerichtetes, strukturiertes und effektives Vorgehen; Denkmethoden, Arbeitsverfahren und Lösungsstrategien selbstständig anwenden; Befähigung und Bereitschaft, eigenverantwortlich am Lernprozess mitzuwirken
- Fachkompetenz: Fähigkeit, Wissen anzuwenden, mithilfe fachlicher Kenntnisse und Fertigkeiten Aufgaben und Probleme zielorientiert, sachgerecht und selbstständig zu bewältigen sowie das Ergebnis zu beurteilen
- Soziale Kompetenz: Kompromissfähigkeit, Wertschätzung, Toleranz, Solidarität, Teamfähigkeit, Hilfsbereitschaft, Kommunikationsfähigkeit, Beachten von Regeln

- Personale Kompetenz: Kritikfähigkeit, Sorgfalt, Leistungsbereitschaft, Eigeninitiative, Selbsteinschätzung, Zuverlässigkeit, Ausdauer / Konzentration, Selbstständigkeit

Dieser Band vermittelt Lehrern und Schülern nicht nur Methodenkompetenz, sondern auch die drei anderen Kompetenzbereiche werden immer wieder berücksichtigt.

Aufbau der Handreichung

Die Darstellung der 55 Methoden erfolgt im Wesentlichen immer nach dem gleichen Schema. Folgende Symbole erleichtern die Orientierung und Auswahl der geeigneten Methode:

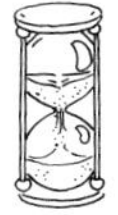

Zeitbedarf der Methode (Durchschnittswert)
Je nach methodischen Kenntnissen, Jahrgangsstufe und Sozialgefüge der Klasse sowie Material und Thematik kann diese Angabe variieren.

Schwierigkeitsgrad der Methode (für die Schüler)

Zielsetzung der Methode

Benötigte Materialien

Unter dem Begriff „Durchführung" folgt eine konkrete Beschreibung der Methode. Hier werden die einzelnen Arbeitsschritte sowie notwendige Vorbereitungen erläutert. Ebenso werden mögliche Schwierigkeiten bei der Umsetzung im Unterricht thematisiert.

Anschließend folgt ein konkretes Unterrichtsbeispiel, welches die Umsetzung der Methode im Fach Latein verdeutlicht. Grundsätzlich sind nahezu alle Methoden bei entsprechender Umgestaltung / Anpassung an die Voraussetzungen der Lerngruppe in allen Jahrgangsstufen und bei allen Themen einsetzbar.

Unter dem Punkt „Weiterführende Hinweise" werden Tipps zur Variation und zur Arbeitsweise mit der Methode gegeben.

Ansprechen verschiedener Sinne beim Wortschatzlernen

keine

Durchführung:

Diese Methode kann auf zwei Arten umgesetzt werden: Die Wörter werden entweder auf den Rücken des Partners oder in die Luft geschrieben.

Wird auf den Rücken geschrieben, gehen die Schüler paarweise zusammen. Ein Partner schreibt dem anderen ein lateinisches Wort bzw. eine Form auf den Rücken. Der Partner soll erraten, um welches Wort es sich handelt, und es übersetzen. War er erfolgreich, wird gewechselt.
Alternativ können auch mehrere Gruppen gegeneinander antreten, die einander ein vorgegebenes Wort auf den Rücken schreiben sollen. Dabei muss die ganze Gruppe von hinten nach vorne durchlaufen werden. Die Schüler dürfen einander die Lösung nicht verraten. Sobald das Wort beim vordersten Schüler angekommen ist, ruft er es laut heraus. Die Gruppe, die das Wort als Erste richtig nennt, hat gewonnen.

Wird in die Luft geschrieben, kann der Lehrer ein Wort schreiben, das die Schüler erkennen sollen.

Weitere Hinweise:

- Alle Wörter eignen sich für diese Methode. Der Vorteil liegt im haptischen Zugang zu den Wörtern, der es ermöglicht, diese leichter zu memorieren.
- Die Methode kann dahingehend erweitert werden, dass nicht nur der Wortschatz abgefragt wird, sondern auch Begriffe aus der Realienkunde.
- Besonders anspruchsvoll wird es, wenn nicht nur einzelne Wörter, sondern ganze Sätze geschrieben werden, die erkannt und übersetzt werden sollen.

1.2 Bilderrätsel

5–10 Min.

Erarbeitung des Wortschatzes oder dessen Wiederholung

verschiedene Bilderrätsel

Durchführung:

Die Schüler bekommen Bilderrätsel präsentiert, mit deren Hilfe sie den aktuellen Wortschatz lernen oder wiederholen sollen. Hierbei müssen sie die deutschen Begriffe für die Bilder erkennen und die angegebenen Buchstaben streichen, sodass sich aus den zusammengesetzten Bestandteilen ein lateinisches Wort ergibt.

Konkretes Unterrichtsbeispiel:

Das Wort *ambulare* kann so dargestellt werden:

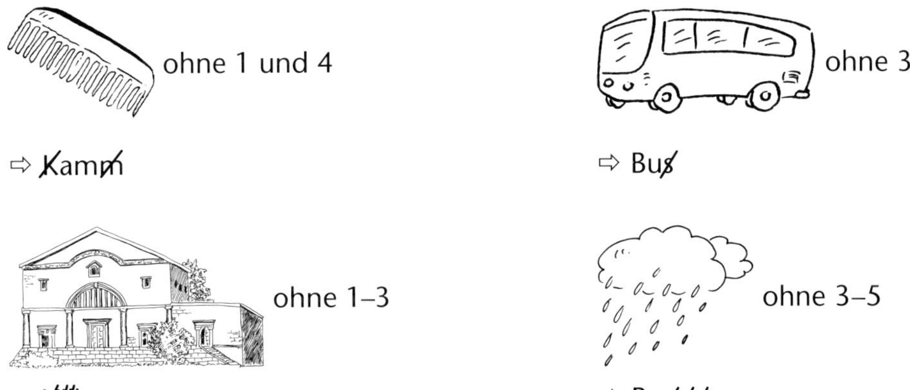

Weitere Hinweise:

- Da es sehr zeitaufwendig ist, die Bilderrätsel zu erstellen und auch im Unterricht erraten zu lassen, bietet es sich an, diese nur zu besonderen Anlässen einzusetzen.
- Alternativ können die Schüler auch als Hausaufgabe zu einem Wort ein Bilderrätsel erstellen. In der nächsten Stunde wird dieses dann als Einstieg oder als Auflockerungsübung verwendet.

1.3 In Szene setzen (Wörter in Bild einfügen)

5 Min.

Training des Wortschatzes, v. a. von thematischem Wortschatz

Bild zum aktuellen Thema bzw. Wortschatz

Durchführung:

Den Schülern wird ein Bild präsentiert, das zum aktuellen Stoff passt. Für die dargestellten Objekte, Situationen und Tätigkeiten sollen die Schüler die lateinischen Bezeichnungen finden.
Diese Methode kann auch in Gruppen durchgeführt werden. Dabei wird ausgewertet, welche Gruppe die meisten gesuchten Begriffe auf Latein nennen konnte.

Konkrete Unterrichtsbeispiele:

Bei der Behandlung der Lesbia-Gedichte Catulls oder einer Metamorphose Ovids, die sich mit Liebe befasst, kann das Bild eines Pärchens gezeigt werden, in das der passende Wortschatz einzufügen ist.
Auch die verschiedenen Lehrbuchtexte bieten thematisch sicherlich Anhaltspunkte für diese Methode.

Weitere Hinweise:

- Bilder, die dafür geeignet sind, könnten auch die sogenannten Wimmelbilder (z. B. von Ali Mitgutsch) sein, da man auf diesen Bildern sehr viele Gegenstände bzw. Personen benennen kann.
- Außerdem können Bilder namhafter Künstler herangezogen werden, sodass sich eine fächerübergreifende Zusammenarbeit mit dem Kunstlehrer anbietet.
- Die Methode kann auch als Spiel eingesetzt werden, bei dem die Schüler gegeneinander (evtl. in Gruppen) antreten.

1.4 Kreuzworträtsel

5 Min.

Wiederholung von Wortschatz oder Sachwissen

Kreuzworträtsel

Durchführung:

Mithilfe eines Programms wird ein Kreuzworträtsel zum aktuellen oder zu wiederholenden Wortschatz erstellt. Dieses wird im Internet kostenlos angeboten und kann teils benutzt werden, ohne dass es heruntergeladen werden muss. Achten Sie darauf, dass die Vokabeln in verschiedenen Formen abgefragt werden.

Konkretes Unterrichtsbeispiel:

1. lat. „du hast erzählt"
2. lat. „der Dumme"
3. lat. „Bitte!"
4. lat. „ich habe mich gesetzt"
5. lat. „nach Hause"
6. lat. „ebenso"
7. lat. „du schicktest weg"
8. lat. „erfreuen"
9. lat. „er tritt heran"
10. lat. „ihr redet an"
11. lat. „mit dem Herd"
12. lat. „wir befreiten"

Weiterer Hinweis:

Die Rätsel können z. B. auch als Silbenrätsel gestaltet werden, sodass die Methode variiert werden kann. Denkbar sind fast alle Rätselvarianten, die in einem Rätselheft zu finden sind.

1.5 Lateinische Lieder

variabel

neue Zugänge zum Wortschatz oder zur Grammatik schaffen

bekannte Lieder in lateinischer Fassung, evtl. selbst übersetzt, ggf. Datenträger und Abspielgerät

Durchführung:

Das Lied wird den Schülern ohne Titel präsentiert. Sie müssen zunächst herausfinden, um welches Lied es sich handelt. Anhand des lateinischen Textes können nun neuer Wortschatz oder eine neue Grammatik eingeführt werden.
Sollte das Lied auf einem Datenträger vorliegen, können Sie dieses anschließend abspielen. Wenn die Schüler wollen, können sie dazu singen.

Unterrichtsbeispiele:

Vor allem für Stunden in der Weihnachtszeit, kurz vor den Ferien, bietet es sich an, die lateinischen Texte der bekanntesten Weihnachtslieder zu präsentieren. Wenn die Lieder übersetzt werden, kann auch gleichzeitig das Wissen um die deutschen Texte reaktiviert werden.
Die lateinischen Fassungen findet man alle im Internet, beispielsweise auf http://www.ingeb.org/catlatin.html. Auch gibt es spezielle Bücher mit den lateinischen Liedtexten, z. B. Schlosser, Franz (Hg.): Cantate latine, Stuttgart 2013.

Weiterer Hinweis:

Ist die Klasse sangesfreudig, können die Lieder gut zur Auflockerung nach anstrengenden Arbeitsphasen eingesetzt werden.

20 Min.

Strategie zum besseren Memorieren, z. B. von Vokabeln

keine

Durchführung:

Vor der Besprechung des neuen Wortschatzes werden markante Orte im Klassenzimmer, z. B. Tür, Tafel, Tageslichtprojektor, Pult etc., festgelegt. Am besten sind es so viele Punkte, wie neue Wörter gelernt werden sollen.
Bei der Einführung der neuen Vokabeln sollen die Schüler jedem Ort ein Wort zuteilen, sodass sie sich sowohl die Bezeichnung als auch deren Bedeutung besser merken können (z. B. am Pult *magister* – Lehrer).
Anschließend werden die Vokabeln abgefragt. Dabei benennen Sie einen Ort oder Sie zeigen auf ihn. Die Schüler sollen das zugehörige Wort und seine Bedeutung nennen. Diese Form des Wortschatzlernens macht den meisten Schülern Spaß und verankert zudem den Wortschatz nachhaltiger. Ergänzend können die Wörter noch in eine Geschichte eingebaut werden.

Konkretes Unterrichtsbeispiel:

Neu zu lernen sind die Wörter *negotium – infestus – lis – fingere – pessimus – improbus*.
Verankert werden sie an folgenden Orten: Tür – Tafel – Pult – Fenster – Lautsprecher – Zimmerdecke.
Wenn man für die Wörter ähnlich klingende, deutsche Bezeichnungen findet, könnte die Verbindung folgendermaßen aussehen (auch wenn die Geschichte etwas absurd erscheinen mag, für das Memorieren ist es von Nutzen, wenn die Dinge besonders skurril sind):

Ein Gote **(negotium)** betritt durch die Tür ein *Geschäft*. Da er in ein Fest **(infestus)** hineinplatzt, wird er ganz *feindlich* an die Tafel gedrängt. Vom Pult aus wird er aufgefordert: „Lies **(lis)**!" Daher kommt es zum *Streit*. Um sich zu beruhigen, läuft er zum Fenster und *formt* mit dem Finger **(fingere)** ein Zeichen. Da ertönt aus dem Lautsprecher plötzlich eine pessimistische **(pessimus)** Durchsage, die *sehr schlecht* ankommt. Immer probiert **(improbus)** der Gote dann, an die Zimmerdecke zu springen, ist aber dabei sehr *schlecht* und verhält sich *unanständig*.

Weitere Hinweise:

- Zusätzlich kann darauf hingewiesen werden, dass die antiken Rhetoren sich auch schon dieser Technik bedient haben, um sich ihre Reden einzuprägen (vgl. Cic. De oratore 2, 351–354).
- Die Wörter können in Großdruck aufgeschrieben und an die jeweiligen Orte geklebt werden.

schlussfolgerndes Denken schulen

Wortformen auf Folie bzw. Papier

Durchführung:

Decken Sie die Wortformen zur Hälfte ab und präsentierten Sie diese der Klasse. Die Schüler sollen herausfinden, um welche Formen es sich handelt.
Dabei können die Formen auf verschiedene Weise halbiert werden: Zum einen können sie horizontal zerschnitten werden, sodass nur die obere oder untere Hälfte eines Wortes zu sehen ist. Alternativ kann das Wort senkrecht zerschnitten werden, sodass beispielsweise die Endung wegfällt, die dann auf verschiedene Weise ergänzt werden kann.
Die zweite Variante ist sicherlich für die Festigung der Regeln zur Formenbildung sinnvoller, während die erste Variante eher spielerischen Charakter hat.

Konkrete Unterrichtsbeispiele:

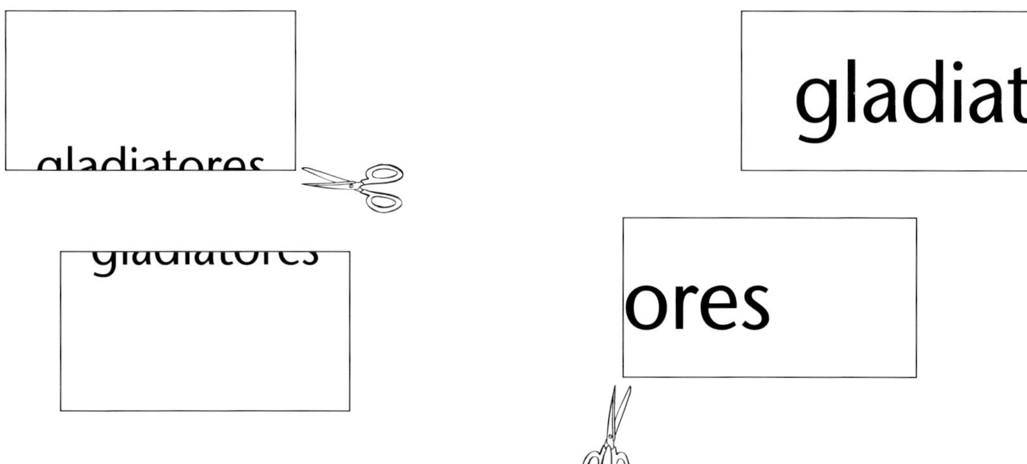

Weiterer Hinweis:

Diese Methode kann auch gut als Spiel eingesetzt werden. Ein Schüler sucht sich ein Wort heraus, das er nur halb präsentiert. Die Mitschüler sollen erraten, um welchen Begriff es sich handelt. Zur Festigung wird er zudem ins Deutsche übersetzt. Gezählt werden die Rateversuche, bis das richtige Wort gefunden ist. Die Klasse kann auch in Gruppen gegeneinander spielen.

1.8 Pyramide

10 Min.

Umschreiben von Fachbegriffen, Wiederholung von Wortschatz

Begriffs-Pyramiden auf Folie

Durchführung:

Die Klasse wird in zwei Gruppen geteilt, die jeweils zwei Schüler bestimmen. Diese Paare werden gegeneinander spielen. Ein Paar wird vor die Tür geschickt, während das andere sich so hinsetzt, dass ein Schüler Blick zur Folie mit den Pyramiden hat, der andere nicht. Nun wird eine Pyramide präsentiert. Der Schüler, der sie sieht, muss nun von unten beginnend die Begriffe in den einzelnen Bausteinen der Pyramide erklären, sodass sie sein Mitstreiter erraten kann. Dafür hat das Team eine Minute Zeit. Beim Erklären dürfen keine Bestandteile des Begriffs oder Ableitungen davon verwendet werden, sonst gilt er als nicht erraten (z. B. darf beim Begriff „Römer" nicht „Rom" genannt werden). Für jeden richtigen Begriff gibt es einen Punkt.
Anschließend kommt das zweite Team, das vor der Tür gewartet hat, wieder herein und versucht sich an derselben Pyramide.
Das Spiel kann sowohl mit Fachbegriffen zu bestimmten Sachthemen oder der Grammatik gespielt werden, aber auch mit Vokabeln.

Konkretes Unterrichtsbeispiel:

Eine Pyramide zum Thema „Rom" könnte so aussehen:

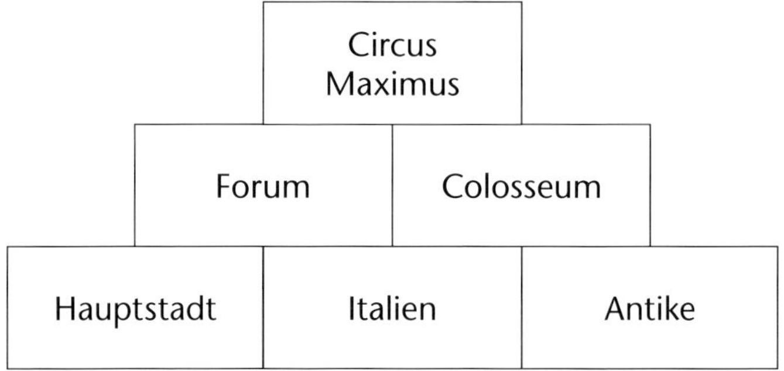

Weiterer Hinweis:

Um die Schwierigkeit zu steigern, können die Begriffe innerhalb der Pyramide zunehmend komplexer werden und damit auch mehr Gewinn einbringen. So sind dann etwa in der ersten Reihe sehr leichte Begriffe, die nur jeweils einen Punkt wert sind, wohingegen der schwierigste Begriff an der Spitze der Pyramide die meisten Punkte bringt.

5–10 Min.

Kenntnis von lateinischen Wortbildungsregeln und deren Anwendung

Karten mit verschiedenen Wortbausteinen (Wortstämme, verschiedene Endungen, Tempuszeichen, Moduszeichen …)

Durchführung:

Aus den vorbereiteten Karten mit Wortbausteinen sollen die Schüler einzelne Bausteine heraussuchen und zu neuen Wörtern zusammensetzen. Die Übung kann in Gruppen durchgeführt werden. Ziel ist es dann, möglichst viele Wörter zu bilden und mehr als die anderen Gruppen vorweisen zu können.

Konkretes Unterrichtsbeispiel:

Die Komposita von *ferre* und deren Konjugation können mit dieser Methode geübt werden. Die Schüler erhalten dann z. B. folgende Wortbausteine:

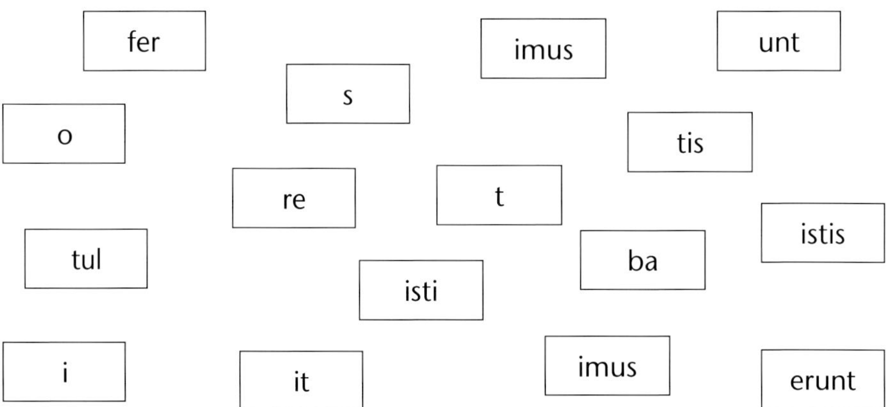

Je nach gewünschter Schwierigkeit können mehr oder weniger Wortbausteine angeboten werden.

Weiterer Hinweis:

Die Methode kann gut als Spiel in den Unterricht eingebaut werden, wobei der Wettbewerbscharakter zusätzliche Motivation mit sich bringt.

Zusammenhänge der Wortbildungsregeln im Lateinischen erkennen, Verbesserung des Wortschatzwissens

Wortkarten, evtl. Latein / Deutsch-Wörterbuch

Durchführung:

Die Schüler sollen zu einem bestimmten Begriff möglichst viele Wörter der gleichen Familie, d. h. mit dem gleichen Stamm, suchen. Dabei können immer mehrere Schüler das gleiche Ausgangswort bekommen. Nach einer gewissen Zeit sollen sie vergleichen, welche Wörter sie gefunden haben. Zusätzlich können den Schülern Wörterbücher zur Verfügung gestellt werden, damit sie gleichzeitig den Umgang damit üben.
Bei Sachfamilien ist der Ablauf der gleiche, nur geht es hierbei darum, möglichst viele Wörter zu einem bestimmten Sachfeld (z. B. Familie) zu finden.

Konkretes Unterrichtsbeispiel:

Ein Sachfeld zum Thema „Familie" könnte folgende Begriffe umfassen:

mater – pater – parentes – soror – frater – filius – filia – avus – servus – serva – dominus – domina – domus – familia – vivere

Weitere Unterrichtsbeispiele:

- Für Wortfelder bieten sich Verben mit vielen Komposita an, etwa *ferre* oder *esse.*
- Folgende Themen könnten für Sachfelder herangezogen werden: Staat, Krieg, Liebe / Freundschaft, Essen.

Weitere Hinweise:

- Die Methode kann gut als Spiel eingesetzt werden, wobei es darum geht, mehr Wörter als andere Gruppen zu finden.
- Außerdem kann so gespielt werden, dass sich die Gruppen die gefundenen Wörter gegenseitig sagen und die andere Gruppe das Wort jeweils übersetzen muss.

1.11 Wortketten

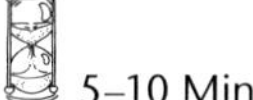
5–10 Min.

Wiederholung des Wortschatzes

keine

Durchführung:

Die Schüler bekommen die Aufgabe, eine Wortkette zu bilden. Dabei beginnt das nächste Wort immer mit dem Schlussbuchstaben des vorangegangenen lateinischen Wortes. Es genügt jedoch nicht, den Begriff auf Latein zu nennen, sondern man muss die Übersetzung dazu wissen. Entscheidend für die Fortsetzung der Wortkette ist aber nur das lateinische Wort.
Das Spiel kann in der Klasse oder in Gruppen gespielt werden.

Konkretes Unterrichtsbeispiel:

Schüler 1 beginnt: „*Venio.*"
Schüler 2: „Ich komme. *Otium.*"
Schüler 3: „Die Muße. *Manent.*"
Schüler 4: „Sie bleiben. *Tacuisti.*"
Schüler 5: „Du hast geschwiegen. *Ita.*"
...

Weitere Hinweise:

- Am besten werden die Schüler darauf hingewiesen, dass sie auch Formen zu den Wörtern bilden, damit nicht immer die gleichen Endbuchstaben zum Einsatz kommen.
- Die Methode kann als Spiel eingesetzt werden.
- Kann ein Schüler keine weitere Form bilden oder weiß er die Übersetzung der vorangegangenen Form nicht, könnte er z. B. eine Zusatzaufgabe (Verb konjugieren etc.) bekommen, bevor er mit einem neuen Wort beginnt.

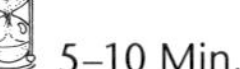

1.12 Wortreihen

Zusammenhänge erkennen, Grammatik und Wortschatz üben

Wortreihen auf Folie

Durchführung:

Je nach gewünschter Schwierigkeit werden den Schülern Wortreihen aus vier bis sechs Wörtern präsentiert. Bis auf eines weisen alle eine Gemeinsamkeit auf. Die Schüler sollen das Wort, das nicht in das Schema passt, finden und ihre Entscheidung begründen.

Konkrete Unterrichtsbeispiele:

1. *amicus – homo – parvus – pater*

   Parvus ist ein Adjektiv, alle anderen Wörter sind Substantive.

2. *diligere – ridere – vertere – ponere*

   Ridere gehört zur e-Konjugation, alle anderen Verben zur konsonantischen Konjugation.

Weiterer Hinweis:

Eine Steigerung des Schwierigkeitsgrads bestünde darin, dass sich die Schüler selbst Wortreihen überlegen, die sie den anderen präsentieren.

2 Min.

Wortschatztraining

Zettel

Durchführung:

Die Schüler überlegen sich eine Phrase, die ihnen besonders gefällt oder die sie für sehr schwierig halten, und notieren sie auf einem Zettel. Es kann sich auch nur um ein einzelnes Wort handeln. Dann dürfen sie die Karte einem Mitschüler überreichen und werden ihrerseits ebenfalls beschenkt.
Auf diese Weise bekommt jeder eine Phrase oder ein Wort, die bzw. das er sich sicherlich gut einprägen wird.

Weitere Hinweise:

- Durch diese Geste kann bei den Schülern eine emotionale Assoziation zu den Wörtern bzw. Phrasen geschaffen werden, was sich positiv auf das Memorieren auswirken kann.
- Schwieriger kann die Methode gestaltet werden, wenn die Schüler sich merken müssen, von wem sie ein Wort bekommen haben und welches Wort dies war.
- Wird das „Forum" öfter eingesetzt, müssen die Schüler dann jedes Mal, bevor sie ein neues Wort überreichen, ihrem Gegenüber berichten, welche Wörter (plus Bedeutung) sie selbst schon geschenkt bekommen haben.

Sammlung von Gedanken zu einem Thema

evtl. Ball

Durchführung:

Die Schüler stehen alle an ihrem Platz. Sie rufen sich gegenseitig auf oder werfen sich einen Ball zu. Jeder muss zu einem gerade behandelten Text bzw. zu dem entsprechenden Thema etwas sagen, damit möglichst viele Gedanken gesammelt werden. Man darf sich erst setzen, wenn man etwas beigetragen hat.

Unterrichtsbeispiel:

Zur Erschließung eines neuen Textes kann nach dem ersten Lesen ein Blitzlicht durchgeführt werden. Dabei müssen sich alle Schüler zum Text äußern. Sie können sich sowohl auf Inhaltliches als auch auf Sprachliches beziehen, sodass bereits ein Großteil des Textes für die Übersetzung vorentlastet wird.

Weiterer Hinweis:

Ergänzend kann eingeführt werden, dass derjenige, der partout nichts beizutragen hat, ein Wort aus dem Text vollständig konjugieren oder deklinieren muss, sodass gleichzeitig eine Wiederholung der Grammatik stattfindet.

affektive und visuelle Zugänge zu verschiedenen Themen schaffen

Comic

Durchführung:

Viele der lateinischen Texte, die im Unterricht zum Einsatz kommen, gibt es auch als Comic, teilweise sehr stark an den Originaltext angelehnt. Damit kann es leichter fallen, die Texte zu übersetzen, da die Bilder vieles erklären.

Außerdem gibt es von einigen Comics auch eine lateinische Fassung (z. B. Nichtlustig, Shit happens! …), die gut als Einstieg verwendet werden kann.

Konkrete Unterrichtsbeispiele:

Lateinische Comics, die sich nah am Originaltext orientieren, gibt es z. B. zu Ovids Metamorphosen oder Caesars *Bellum Gallicum.*

Weiterer Hinweis:

Sind in der Klasse zeichnerisch begabte Schüler, können diese auch selbstständig Comics erstellen, sodass die Schüler zu einem Text ihren eigenen Comic verfassen.

Sammeln und Weitergeben von Wissen

Informationsblätter mit Hinweisen zum jeweiligen Expertenthema

Durchführung:

Jedem Schüler wird ein Blatt mit Informationen zu einem bestimmten Thema ausgeteilt. Dabei erhalten immer mehrere Schüler die gleichen Blätter. Im ersten Schritt erarbeitet sich jeder die Informationen eigenständig.
Im zweiten Schritt treffen sich alle Schüler, die die gleichen Informationen gesammelt haben und tauschen sich aus. Auf diese Weise soll sichergestellt werden, dass die wesentlichen Informationen bei jedem ankommen.
Im dritten und letzten Schritt finden sich die Schüler dergestalt in Gruppen zusammen, dass zu jedem Thema ein Experte im Team ist. Aufgabe ist es nun, dass jeder Experte sein Wissen an die anderen weitergibt, sodass am Ende jeder Schüler über alle wichtigen Informationen verfügt.
Zur Sicherung der Kenntnisse kann entweder ein Hefteintrag erstellt werden oder die Schüler sollen ihr Wissen in Form eines Rätsels unter Beweis stellen. Sehr gut eignet sich auch ein Arbeitsblatt mit Lücken, die ergänzt werden müssen.

Konkretes Unterrichtsbeispiel:

Der Vergleich der Philosophenschulen Stoa und Epikureismus kann mit dieser Methode erarbeitet werden. Folgende Arbeitsblätter für die Experten sind denkbar:

Epikureismus – Basiswissen

Die zentrale Frage dieser philosophischen Richtung lautet: Wie wird der Mensch glücklich?
Der zu erstrebende Zustand ist die sog. *ataraxia,* d. h. die Unerschütterlichkeit bzw. die Freiheit von innerer Erregung. Dazu zählen die Affekte Unlust, Schmerz, Freude und Furcht.

Die *voluptas*, also die Lust, wird u. a. durch folgende Verhaltensweisen erreicht: maßvollen Genuss, Zügeln der Begierden und Leidenschaften, Rückzug aus öffentlichen Pflichten, ungestörtes Leben in der Zurückgezogenheit mit den Freunden.

Epikureismus – physikalische Lehren und Gefährdung der *voluptas*

Als mögliche Gefährdungen auf dem Weg zur *voluptas* nennt Epikur folgende Punkte: Angst vor dem Tod, vor Krankheit und vor Strafe durch Götter sowie falsche Glückserwartung.
Die Angst vor dem Tod umgeht er dadurch, dass er sagt, der Tod sei kein Bestandteil des Lebens, sodass eine Furcht davor sinnlos sei.
Die Angst vor den Göttern beseitigt er, indem er sie in sog. *Intermundien* (Zwischenwelten) leben lässt, die von der Welt getrennt sind.
Die Entstehung der Welt erfolgte laut Epikur durch das zufällige (*fortuna*) Zusammentreffen von Atomen (vgl. Demokrit), was auch die Existenz verschiedener Welten erkläre. In diese Atome zerfalle der Mensch auch nach seinem Tod wieder.

Stoa – Basiswissen

Auch für einen Stoiker lautet die zentrale Frage: Wie wird der Mensch glücklich?
Dafür strebt er die sog. *apathia,* die Freiheit von innerer Erregung, an. Daher versucht ein Stoiker, möglichst frei von Affekten, wie Unlust, Schmerz, Freude und Furcht, zu sein, bzw. räumt diesen in seinem Leben keinen großen Stellenwert ein. Sprichwörtlich geworden ist daher die stoische Gelassenheit.
Ein zentraler Begriff im Gedankengebäude der Stoiker ist die *virtus*. Dieser vielschichtige Begriff umfasst die richtige Einsicht in die Notwendigkeiten des Lebens und zeigt sich z. B. in Tapferkeit oder Besonnenheit.

Stoa – Umsetzung im Leben

Da die *virtus* ein zentraler Begriff ist, richten die Stoiker ihr Leben ganz nach ihr aus. Somit ist es für sie von entscheidender Bedeutung, sich für den Staat einzusetzen, indem sie z. B. wichtige Ämter übernehmen. Durch diese Ausrichtung an der Tugend kann für einen Stoiker das Glück erreicht werden. Die gefährdenden Affekte versucht er weitgehend auszuschalten.
Die Entstehung der Welt erfolgte für die Stoiker aus einem göttlichen Geist (Urfeuer = *ratio*), sodass alles auf der Welt einen göttlichen Funken (*ratio*) in sich trägt. Damit ist alles vernünftig und vorherbestimmt. Der daraus resultierende Glaube an ein fest gefügtes Schicksal (*fatum*) erleichtert die Geringschätzung der Affekte.

gezielte Lenkung hin zu einem verstehenden Lesen

Fragen zum Inhalt und zur Grammatik eines Textes

Durchführung:

Vor der Übersetzung eines Textes sollen sich die Schüler anhand von auf Deutsch formulierten Leitfragen mit dem lateinischen Text auseinandersetzen. Diese Fragen können sich sowohl auf die Grammatik – im Hinblick auf die zu erstellende Übersetzung – als auch auf den Inhalt erstrecken.

Konkretes Unterrichtsbeispiel:

Phaedrus I,1: Lupus et Agnus
Ad rivum eundem lupus et agnus venerant,
siti **compulsi**[1]. Superior[2] stabat lupus,
longeque inferior[3] agnus. Tunc fauce[4] improba
latro[5] **incitatus** iurgii[6] causam intulit[7];
'Cur' inquit 'turbulentam[8] fecisti mihi
aquam **bibenti**?' Laniger[9] contra **timens**
'Qui[10] possum, quaeso, facere quod quereris[11], lupe?
A te decurrit ad meos haustus[12] liquor[13]'.
Repulsus ille veritatis viribus
'Ante hos[14] sex menses male' ait 'dixisti mihi'.
Respondit agnus 'Equidem natus non[15] eram'.
'Pater hercle[16] tuus' ille inquit 'male dixit mihi';
atque ita[17] correptum lacerat[18] iniusta nece.
Haec propter[19] illos scripta est homines fabula
qui fictis causis innocentes opprimunt.

1 **compellere**: zusammentreiben, nötigen, drängen – 2 **superior**: weiter oben – 3 **inferior**: weiter unten – 4 **fauces, -ium**: Schlund, Kehle, hier: Fressgier, Heißhunger – 5 **latro, -onis**: Räuber, Unhold – 6 **iurgium, -i**: Streit, Händel – 7 **inferre**: an den Haaren herbeiziehen – 8 **turbulentam**: trüb, unruhig – 9 **laniger**: zusammengesetzt aus **lana, -ae**: Wolle und **gerere**: tragen – 10 **qui**: wie, warum – 11 **queri, queror, questus sum**: klagen, sich beklagen – 12 **haustus, -us**: das Schöpfen, Wasserstelle – 13 **liquor, -oris**: Flüssigkeit – 14 **ante hos**: jetzt, gerade vor – 15 **equidem ... non** = ne ... quidem: nicht einmal – 16 **hercle**: beim Herkules – 17 **atque ita**: und so, mit diesen Worten – 18 **correptum lacerat** = corripit et lacerat: er zerreißt und zerfleischt – 19 **propter**: im Hinblick auf

Leitfragen:

1. Bestimme die Formen *compulsi, incitatus, bibenti* und *timens*! Finde dann ihr jeweiliges Bezugswort!
2. Schildere, wie sich der Wolf und das Lamm am Bach aufgestellt haben! Erkläre, welche Schlussfolgerung sich daher für den ersten Vorwurf des Wolfes ergibt!
3. Formuliere die Moral der Geschichte auf Deutsch!

Wiederholung oder Neueinführung von Sachwissen bzw. für Übersetzungen

Memory®-Karten (einander ergänzende Karten in zwei verschiedenen Farben)

Durchführung:

Die Schüler werden in Gruppen eingeteilt. Jede Gruppe bekommt einen Satz mit Karten in zwei Farben, die verdeckt auf dem Tisch verteilt werden. Reihum drehen die Schüler nun von jeder Farbe eine Karte um und überprüfen, ob die Aussagen einander ergänzen. Ist dies der Fall, darf der jeweilige Schüler nochmals zwei Karten umdrehen. Erwischt er welche, die nicht zusammenpassen, ist der nächste Schüler an der Reihe. Das Spiel geht so lange, bis keine Karten mehr auf dem Tisch liegen.
Diese Methode eignet sich sowohl dafür, Hintergrundinformationen zum Autor und seiner Zeit zu liefern, die u. U. bei der Übersetzung helfen können, als auch dafür, konkrete Informationen zu einem Text (z. B. zu Satzbau, Grammatik, Wortschatz etc.) zu liefern.

Konkretes Unterrichtsbeispiel:

Folgendes Beispiel liefert Hintergrundwissen zu Cornelius Nepos. Idealerweise werden die Karten in der ersten und dritten Spalte in der gleichen Farbe ausgedruckt, die Karten in der zweiten und vierten Spalte hingegen in einer anderen Farbe.
Memory zu Cornelius Nepos:

Cornelius Nepos wurde im Jahr 110 v. Chr. geboren.	Somit fällt seine Geburt mitten hinein in die Zeit tobender Bürgerkriege.	Auch der Abschluss einer jeden Biografie hält sich an ein bestimmtes Muster.	Am Ende erfolgt daher stets eine zusammenfassende Würdigung der jeweiligen Person.
Genaueres über sein Leben, d. h. über seine familiäre Herkunft und seinen Werdegang, ist nicht bekannt.	Lediglich von einigen Autoren, wie z. B. Cicero, Atticus und Catull, erhalten wir über sein Leben nähere Informationen.	Mit der zusammenfassenden Würdigung am Ende jeder Biografie verfolgt Nepos ein pädagogisches Ziel.	Seine Leser sollen sich nämlich nachahmenswerte Züge der beschriebenen Person zum Vorbild nehmen.

2.5 Memory®

10–15 Min.

Zu seinen Werken zählt die nur fragmentarisch erhaltene *Chronica.*	In diesem Werk fasst Nepos in einer Art Weltchronik das gesamte Wissen und Geschehen seiner Zeit zusammen.	Nepos widmet eine Biografie dem wohl größten Gegner der Römer, der von allen gefürchtet war.	Dieser furchteinflößende Gegner ist Hannibal, dem es fast geglückt wäre, die Römer zu besiegen.
Sein Hauptwerk trägt den Titel *De viris illustribus.*	Wörtlich übersetzt geht es darin also um berühmte Männer, darunter z. B. Feldherren oder Könige.	Der Stil, in dem Nepos schreibt, ist relativ schlicht.	Somit eignen sich seine Texte für die Schullektüre.
Auch sein Hauptwerk *De viris illustribus* ist nicht vollständig erhalten.	So sind von den ursprünglich ca. 400 Persönlichkeiten nur knapp 25 erhalten.	Es ist ungewöhnlich, dass Nepos über Nicht-Römer schreibt.	Für die Römer war es nämlich eher uninteressant, was außerhalb des eigenen Reiches geschah, sodass darüber auch nicht geschrieben wurde.
Bei der Lebensbeschreibung der berühmten Männer folgt Nepos immer einem festen Muster.	Dieses Muster sieht folgendermaßen aus: Lebensdaten, Beschreibung von Kindheit und Jugend, Taten und Werke als Erwachsener.	Ein Zeitgenosse von Nepos war Gaius Julius Caesar.	Dieser Staatsmann und Feldherr schaffte es letztendlich, die römische Republik auszuhebeln und den Weg zum Kaisertum zu ebnen.

Sammlung aller Gedanken zu einem Thema und deren zusammenhängende Darstellung

keine

Durchführung:

Ausgehend von einem Text wird das Thema in die Mitte der Tafel geschrieben. Die Schüler sammeln ihre Gedanken dazu. Zunächst werden zentrale Aspekte, die im Text vorkamen und damit in engem Zusammenhang zum Thema stehen, um den zentralen Begriff herum gruppiert.
Davon ausgehend werden weitere Aspekte ergänzt, sodass im Laufe der Zeit ein zusammenhängender Überblick über das jeweilige Thema entsteht, der auch Verknüpfungen zu anderen Themen erlaubt.

Konkretes Unterrichtsbeispiel:

Das Thema „Rom" kann in einer Mindmap wunderbar dargestellt werden, wobei die Schüler ihre ganz eigenen Ideen und Vorstellungen einbringen.

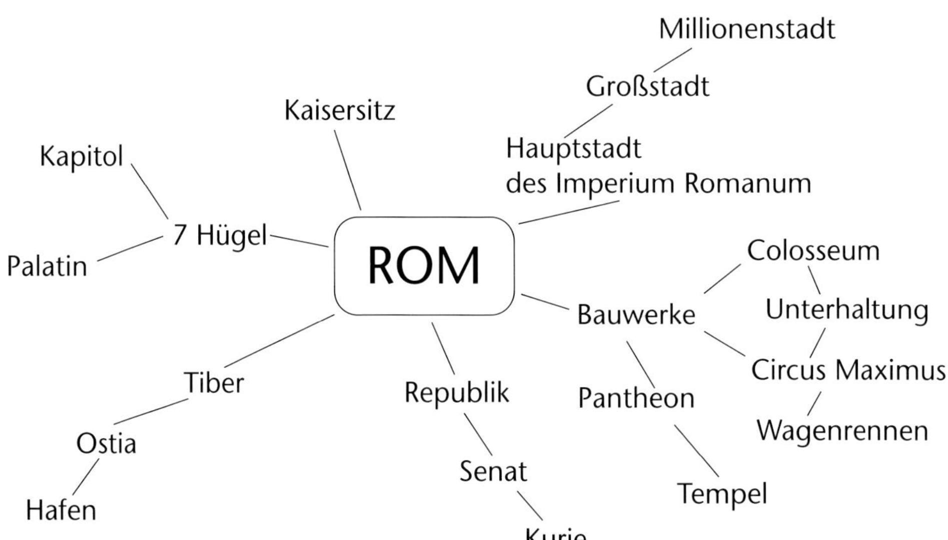

Weiterer Hinweis:

Entweder kann im ganzen Klassenverband gemeinsam eine Mindmap erstellt werden oder die Schüler werden in Gruppen eingeteilt und verfassen jeweils gemeinsam ihre eigene Mindmap. Die verschiedenen Ergebnisse werden dann verglichen und ausgewertet.

kooperatives Lösen einer Problemstellung (Übersetzung)

zu übersetzender Text, viermal auf ein Blatt Papier gedruckt

Durchführung:

Die Schüler werden in Vierergruppen eingeteilt. Jede Gruppe erhält ein Placemat-Blatt mit dem zu übersetzenden Text. Nachdem der Text gemeinsam gelesen wurde, soll jeder Schüler spontan in dem vor ihm liegenden Feld notieren, was ihm zum Text einfällt. Das können sowohl Fragen sein als auch Anmerkungen zu Inhalt, Wortschatz oder Grammatik. Nach einer Minute wird auf ein Signal hin das Blatt eine Position weitergedreht, sodass jeder Schüler nun die Notizen eines Nachbarn vor sich hat. Diese werden durchgelesen und ergänzt oder beantwortet. Der Vorgang wiederholt sich viermal, also so lange, bis das Blatt wieder in der Ausgangsposition angekommen ist.
Wichtig dabei ist, dass die Schüler nicht sprechen, sondern sich nur auf das Schreiben konzentrieren. Mit dieser Methode soll ein Austausch über den Text angestoßen werden, der noch keine Übersetzung beinhaltet, aber zu dieser führt.

Konkretes Unterrichtsbeispiel:

Besonders geeignet für diese Methode sind kurze, abgeschlossene Texte, wie z. B. Epigramme von Martial und Catull, etwa das *carmen 85* von Catull, die in folgender Form auf Blätter aufgedruckt werden:

Odi et amo. Quare id faciam fortasse requiris.
Nescio, sed fieri sentio et excrucior.

Odi et amo. Quare id faciam fortasse requiris.
Nescio, sed fieri sentio et excrucior.

Odi et amo. Quare id faciam fortasse requiris.
Nescio, sed fieri sentio et excrucior.

Odi et amo. Quare id faciam fortasse requiris.
Nescio, sed fieri sentio et excrucior.

Weitere Hinweise:

- Diese Methode baut auf einem verstehenden Lesen auf bzw. regt die Schüler dazu an, Fragen zum Text zu formulieren.
- Ein Placemat kann als eine Form des Schreibgesprächs betrachtet werden, sodass sich auch provokante Thesen oder Zitate für eine Kommentierung eignen.

5–10 Min.

systematisches Entschlüsseln komplexerer Perioden

Übersetzungstext, evtl. Textverarbeitungsprogramm

Durchführung:

Bei komplexeren Satzgefügen bietet es sich an, eine Satzanalyse durchzuführen, um die Struktur und die Zusammengehörigkeiten herauszuarbeiten. Arbeitet man mit einem Textverarbeitungsprogramm, können Nebensätze entsprechend ihren Abhängigkeiten eingerückt oder verschoben werden.

Konkretes Unterrichtsbeispiel:

Hann. 3.2–4 Der Zug über die Alpen
Ad Alpes posteaquam venit, quae Italiam ab Gallia seiungunt, quas nemo umquam cum exercitu ante eum praeter Herculem Graium transierat – quo facto is hodie saltus Graius appellatur –, Alpicos conantes prohibere transitu concidit, loca patefecit, itinera muniit, effecit, ut ea elephantus ornatus ire posset, qua antea unus homo inermis vix poterat repere.

Hauptsatz	Nebensatz 1. Ordnung	Nebensatz 2. Ordnung
	Ad Alpes posteaquam venit	
		quae Italiam ab Gallia seiungunt
		quas nemo umquam cum exercitu ante eum praeter Herculem Graium transierat
		quo facto is hodie saltus Graius appellatur
Alpicos conantes prohibere transitu concidit		
loca patefecit		
itinera muniit		
effecit		
	ut ea elephantus ornatus ire posset	
		qua antea unus homo inermis vix poterat repere

kooperatives Lösen einer Problemstellung, Erkennen von Zusammenhängen (Übersetzung), selbstständiges Erstellen eines Textes bzw. Verfremdung eines Textes

Karten mit den verschiedenen Satzgliedern der zu übersetzenden Sätze

Durchführung:

Die Satzbaukastenmethode kann dazu dienen, dass sich die Schüler vor der Auseinandersetzung mit der Originalfassung eines Textes Gedanken über dessen Aufbau machen. Dazu werden die Schüler in Gruppen eingeteilt. Jede Gruppe erhält einen Stapel mit Karten, auf denen die einzelnen Satzglieder der im Text vorkommenden Sätze stehen. Die Aufgabe ist es nun, die Satzglieder so zu Sätzen und letztendlich einem Text zusammenzubauen, dass ein sinnvolles Ganzes entsteht.
Erst danach wird den Schülern die Originalfassung präsentiert, sodass sie ihre Version damit vergleichen können.

Konkretes Unterrichtsbeispiel:

Cic. Cat. 1.30

Der Beginn des Textes wird in folgende Satzglieder unterteilt, die auf je einen eigenen Zettel geschrieben werden:

Quamquam	*nonnulli*	*sunt*
in hoc ordine	*qui*	*quae*
aut … aut	*ea*	*imminent*
non	*videant*	*ea*
quae	*vident*	*dissimulent*
qui	*spem*	*Catilinae*
mollibus sententiis	*aluerunt*	*coniurationemque*
non	*credendo*	*nascentem*
		corroboraverunt

Wie oben beschrieben, sollen die Schüler daraus einen sinnvollen Text zusammenbauen.

Weiterer Hinweis:

Die Methode kann spielerisch verpackt werden. Ziel ist es, möglichst alle Wörter einzubauen und richtige Sätze zu bilden. Die Gruppe, der dies am besten gelingt, hat gewonnen.

5–10 Min.

Erhöhung des Arbeitstempos, Schulung des verstehenden Lesens

zu übersetzender Text

Durchführung:

Die Schüler sollen ein bestimmtes Textpensum innerhalb relativ kurzer Zeit dahingehend bearbeiten, dass sie alle Prädikate markieren. Am besten erledigen sie dies parallel zum ersten Lesen, sodass nicht mehr Zeit gegeben werden sollte, als für ein zügiges Durchlesen des Textes notwendig ist.
Auf diese Weise schulen die Schüler ihre Fähigkeit, bereits während des Lesens die Struktur von Sätzen zu erfassen sowie über das Erkennen und Übersetzen der Prädikate bereits den Inhalt zu erschließen. Der Einsatz von Leitfragen kann hierbei hilfreich sein.

Weitere Hinweise:

- Jeder Text ist für diese Methode geeignet, auch wenn die Sätze komplexer sind. Die Schüler sollen gerade durch die Markierung der Prädikate die Struktur der Sätze erkennen.
- Die Methode kann spielerisch verpackt werden. Ziel ist es, möglichst schnell und richtig den Text zu bearbeiten. Derjenige, dem dies als Erster gelingt, hat gewonnen.

2.11 Bühnencrew

5–10 Min. 

kooperatives Lösen einer Problemstellung (Übersetzung)

Übersetzungstext

Durchführung:

Für die Erstellung einer Übersetzung werden die Schüler zunächst in Gruppen eingeteilt, am besten zu dritt. Jeder Schüler bekommt nun eine bestimmte Aufgabe im Rahmen der Bühnencrew: Der Beleuchter ist dafür zuständig, alle Prädikate ausfindig zu machen, der Künstler soll alle Subjekte finden und der Kabelträger sucht nach den Präpositionalausdrücken. Auf diese Weise werden die Sätze zunächst strukturiert und dann gemeinsam übersetzt.

Konkretes Unterrichtsbeispiel:

Sallust, de coniuratione Catilinae 60/61

Catilina *postquam fusas copias seque cum paucis relictum videt, memor generis atque pristinae suae dignitatis in confertissimos hostis incurrit ibique* ***pugnans*** *confoditur.*

[61] Sed confecto proelio tum vero cerneres, ***quanta audacia quantaque animi vis*** *fuisset in exercitu Catilinae. Nam fere quem* ***quisque vivus*** *pugnando locum ceperat, eum amissa anima corpore tegebat.*

Subjekt *Prädikat* *Präpositionalausdruck*

Weiterer Hinweis:

Die Zahl der Crew-Mitglieder kann je nach gewählten Beobachtungskriterien beliebig verändert werden.

variabel

kooperatives Lösen einer Problemstellung (z. B. Übersetzung)

Karten mit verschiedenen Informationen zur Problemlösung, die sich ergänzen

Durchführung:

Die Klasse wird in Vierergruppen eingeteilt. Jede Gruppe bekommt Karten mit Informationen, die an die Gruppenmitglieder verteilt werden. Bei einer Übersetzung geben die Karten beispielsweise Hilfen für die Lösung, indem schwierige Formen erklärt oder Konstruktionen erläutert werden. Dabei ist es wichtig, dass nicht eine Karte allein alle notwendigen Informationen enthält, sondern dass sich die Karten ergänzen, damit die Schüler auch ins Gespräch kommen. Auf diese Weise soll gemeinsam eine Übersetzung erstellt werden.

Konkretes Unterrichtsbeispiel:

Caesar, Commentarii de bello gallico 1.1.1–4 Prooemium

Gallia est omnis divisa in partes tres, quarum unam incolunt Belgae, aliam Aquitani, tertiam, qui ipsorum lingua Celtae, nostra Galli appellantur.
Hi omnes lingua, institutis, legibus inter se differunt. Gallos ab Aquitanis Garumna flumen, a Belgis Matrona et Sequana dividit.

Mögliche Karten für ein Gruppenpuzzle:

Gallia entspricht in etwa dem Gebiet des heutigen Frankreich.	*Omnis* weist KNG-Kongruenz zu *Gallia* auf.	Das Prädikat des Satzes ist *divisa est.*
appellantur: Beachte das Passiv!	*Hi omnes* bezieht sich auf die verschiedenen Stämme aus dem Vorsatz.	*inter se differre*: sich voneinander unterscheiden
Garumna, Matrona, Sequana: Name der Flüsse Garonne, Marne, Sâone	*Lingua* steht jedesmal, wenn es im Text vorkommt, im Ablativ.	Das Bezugswort zum Relativpronomen *quarum* ist *partes tres.*

Weiterer Hinweis:

Auch wenn es um die Erarbeitung von Sachwissen geht, kann das Gruppenpuzzle gewinnbringend eingesetzt werden, wie im Beispiel oben bereits punktuell geschehen. Wenn es sich bei einem Text anbietet, kann in größerem Umfang Sachwissen vermittelt werden.

Schaffung eines Bewusstseins für falsche Übersetzungen

Übersetzung des aktuellen Textes mit Fehlern, evtl. aus einem Übersetzungsautomaten aus dem Internet oder von einer fehlerhaften Internetquelle

Durchführung:

Die Schüler erhalten eine Übersetzung des aktuellen Textes, in die Fehler eingearbeitet worden sind. Aufgabe der Schüler ist es, diese Fehler zu korrigieren. Auf diese Weise kann ein kompletter Text bearbeitet werden.
Diese Methode kann entweder zum Einsatz kommen, wenn der Text noch nicht übersetzt worden ist oder wenn er wiederholt wird. In beiden Fällen wird das Fehlerbewusstsein geschärft und das genaue Arbeiten geschult.
Verbessern Sie die Fehler im Anschluss gemeinsam im Plenum. Nur so kann sichergestellt werden, dass am Ende nichts Falsches im Heft der Schüler bzw. auf ihrem Arbeitsblatt steht.

Konkretes Unterrichtsbeispiel:

Für folgenden Satz aus einem lateinischen Text wird eine Übersetzung angeboten:

Iam per multos dies terra tremuerat.

Schon viele Tage lang zitterten wir vor der Erde.

Die Schüler sollen erkennen, dass *terra* das Subjekt des Satzes ist und die Form des Prädikats „er / sie / es hatte gezittert" heißen muss. Demnach lautet die korrekte Übersetzung:

Schon viele Tage lang hatte die Erde gezittert.

Weitere Hinweise:

- Alternativ können die Schüler ihre Übersetzungen, die sie als Hausaufgabe oder in einer Stillarbeitsphase erstellt haben, gegenseitig korrigieren.
- Besonderen Reiz hat das Korrigieren für jüngere Schüler, wenn Sie die Fehler auf einer Folie oder in einer anderen Präsentationsform (z. B. Smartboard) mit Rotstift korrigieren dürfen.

3.3 Laufverbesserung

variabel

Verbesserung der Memorierfähigkeit, Verbindung von Lernen und Bewegung

Übersetzung des aktuellen Textes auf Blätter gedruckt

Durchführung:

Nach einer Phase des Übersetzens oder auch zur Verbesserung der Hausaufgabe wird den Schülern eine Musterübersetzung dergestalt präsentiert, dass beispielsweise an der Tafel die Lösung ausgehängt wird, jedoch so klein (z. B. auf DIN-A4-Blättern), dass die Schüler zum Lesen aufstehen müssen. Sie sollen nun die Übersetzung in ihrem Heft mit der an der Tafel abgleichen. Dabei bleibt jedoch das Heft am Platz. Die Schüler müssen also nach vorn an die Tafel kommen, um jeweils einen Satz der Musterlösung zu lesen und sich einzuprägen. Dann gehen sie an ihren Platz zurück und korrigieren gegebenenfalls ihre Version. Dies wiederholen sie so lange, bis sie ihre Übersetzung vollständig verbessert haben.

Weiterer Hinweis:

Der Methode kann spielerischer Charakter verliehen werden, wenn dem ersten, der seinen Text korrigiert hat, ein Preis verliehen wird. Allerdings sollte unbedingt nachkontrolliert werden, da Schüler gerade bei dieser Methode zum ungenauen Arbeiten neigen.

Erstellen einer Übersetzung durch systematisches Übersetzen eines Satzes

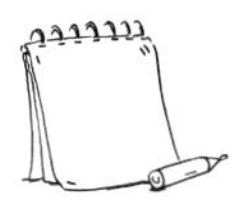

Übersetzungstext

Durchführung:

Das **lineare Dekodieren** ist eine Übersetzungsmethode, die beim Verb ansetzt. Daher werden zunächst alle Verbformen, egal ob dies nun Prädikate, Infinitivkonstruktionen, Partizipialkonstruktionen oder nd-Formen (Gerundium, Gerundivum) sind, der Reihe ihres Vorkommens nach (daher „linear") analysiert und übersetzt. Auf diese Weise sollte man bereits einen Eindruck davon bekommen, worum es in dem Text geht, da mit den Verbformen die Handlungsstruktur des Textes vorgegeben ist.
Als nächstes werden die noch verbleibenden Satzglieder auf die Verbformen bezogen und so wird der ganze Text entschlüsselt.

Die **Konstruktionsmethode** dagegen dürfte als die klassische Übersetzungsmethode schlechthin gelten. Ausgehend vom Prädikat eines Satzes wird das zugehörige Subjekt gesucht und beides dann übersetzt. Auf diese Weise steht das Grundgerüst des Satzes. Die übrigen Satzglieder werden über gezieltes Abfragen ermittelt und entsprechend übersetzt. Ist der Text auf Folie vorhanden, kann das Konstruieren visuell deutlich gemacht werden.

3.5 Lückentext

variabel 

schnelles Bewältigen einer Textstelle unter Erkennung und Übersetzung besonders wichtiger Passagen (inhaltlicher oder grammatikalischer Art)

Übersetzung des Textes mit Auslassungen entscheidender Passagen

Durchführung:

Die Schüler erhalten eine Übersetzung des zu behandelnden Textes, wobei zentrale Stellen ausgelassen wurden. Diese Lücken sollen sie selbst füllen, indem sie die entsprechenden lateinischen Passagen erkennen und übersetzen.

Konkretes Unterrichtsbeispiel:

Cic. Cat. 1.30: Fülle die Lücken in der Übersetzung!

Quamquam nonnulli sunt in hoc ordine, qui aut ea, quae imminent, non videant aut ea, quae vident, dissimulent;	Obwohl es einige in diesem Stand gibt, die entweder das, ______________, nicht sehen oder das, ______________, verheimlichen;
qui spem Catilinae mollibus sententiis aluerunt coniurationemque nascentem non credendo corroboraverunt;	diese haben die ______________ durch milde Äußerungen ______________ und die im Entstehen begriffene ______________ durch ihre Ungläubigkeit gestärkt.
quorum auctoritate multi non solum improbi, verum etiam imperiti, si in hunc animadvertissem, crudeliter et regie factum esse dicerent.	Unter ihrem Einfluss würden viele, ______________, sondern auch Unerfahrene, wenn ich gegen diesen vorgegangen wäre, sagen, dass dies grausam und tyrannisch vonstattengegangen sei.
Nunc intellego, si iste, quo intendit, in Manliana castra pervenerit, neminem tam stultum fore,	______________, dass, wenn dieser – wo er nämlich hin will – im Lager des Manlius angekommen ist, niemand so dumm sein wird,
qui non videat coniurationem esse factam,	nicht zu sehen, ______________ ______________, und niemand so
neminem tam improbum, qui non fateatur.	frevlerisch, dies nicht ______________.
Hoc autem uno interfecto intellego hanc rei publicae pestem paulisper reprimi, non in perpetuum comprimi posse.	Ich verstehe aber, dass, wenn dieser eine ______________ ______________, dieses Verderben für den Staat für kurze Zeit eingedämmt wird, (aber) nicht für immer unterdrückt werden kann.
Quodsi se eiecerit secumque suos eduxerit et eodem ceteros undique collectos naufragos adgregarit, exstinguetur atque delebitur non modo haec tam adulta rei publicae pestis, verum etiam stirps ac semen malorum omnium.	Wenn er aber hinauseilt und die Seinen mit sich nimmt und ebendorthin die von überall her aufgesammelten Schiffbrüchigen um sich schart, wird nicht nur dieses bereits so weit ausgewachsene Verderben für den Staat ausgelöscht und vernichtet werden, sondern auch die Wurzel und der Ursprung allen Übels.

Weiterer Hinweis:

Zur Vertiefung eines Textes bzw. zur Wiederholung können die Schüler die Aufgabe bekommen, selbst einen Lückentext zu erstellen, in dem sie die wichtigen Passagen des Textes weglassen sollen.

rasche Bewältigung eines Textabschnitts ohne statarische Übersetzung unter Einbeziehung eines direkten Vergleichs des lateinischen und deutschen Textes

lateinischer Text in Gegenüberstellung zur Übersetzung

Durchführung:

Der Übersetzungstext wird in zwei Spalten präsentiert. In der linken Spalte befindet sich der lateinische Text, in der rechten Spalte die passende deutsche Übersetzung. Dabei sollte darauf geachtet werden, dass die einander entsprechenden Sätze möglichst auf gleicher Höhe stehen.
Der Text wird nun parallel sowohl auf Latein als auch auf Deutsch gelesen. Dabei werden die beiden Fassungen miteinander verglichen, wobei auch auf grammatikalische Besonderheiten und deren Übersetzung eingegangen wird.

Konkretes Unterrichtsbeispiel:

Met. 1.1–4 Prooemium

In nova fert animus mutatas dicere formas corpora:	Das Herz treibt mich, von Gestalten zu sprechen, die in neue Körper verwandelt worden sind:
di, coeptis (nam vos mutastis et illas) adspirate meis primaque ab origine mundi ad mea perpetuum deducite tempora carmen!	Ihr Götter, fördert mein Vorhaben (denn ihr habt auch jene verwandelt) und führt mein ewiges Gedicht vom ersten Ursprung der Welt bis zu meiner Zeit.

Weitere Hinweise:

- Soll viel Text in einer Stunde bewältigt werden, eignet sich diese Methode gut.
- Sie kann zudem als Übung für eine Interpretationsaufgabe gewählt werden, bei der der lateinische und der deutsche Text vorliegen und bisweilen auch Besonderheiten in der Übersetzung thematisiert werden sollen.

Schulung der eigenen Reflexionsfähigkeit und kooperatives Lösen einer Problemstellung

Aufgabe (z. B. Übersetzung)

Durchführung:

Die Schüler bekommen die Aufgabe, sich zunächst in einer angemessenen Zeit mit der Aufgabenstellung, z. B. mit dem Übersetzungstext, im Stillen zu beschäftigen (Think). Anschließend vergleichen sie ihre Ergebnisse mit ihrem Partner (Pair). In der letzten Phase werden die Ergebnisse im Plenum ausgetauscht (Share). Auf diese Weise soll eine möglichst vollständige und richtige Lösung der Aufgabe erzielt werden.

Weitere Hinweise:

- Vor der Besprechung im Plenum kann eine weitere Phase (Square) eingeschoben werden: Jeweils zwei Paare finden sich zusammen, um sich über die Ergebnisse auszutauschen.
- Über das Übersetzen von Texten hinaus kann die Methode auch für andere Problemstellungen herangezogen werden, wenn es z. B. darum geht, das imperialistische Streben der Römer zu bewerten, wie es im Rahmen einer Caesar-Lektüre aufgegriffen werden kann.

Möglichkeit der Binnendifferenzierung

Kommentare in unterschiedlichen Schwierigkeitsgraden

Durchführung:

Als Hilfe für die Übersetzung eines Textes bekommen die Schüler verschiedene Kommentare an die Hand, die sich hinsichtlich der Schwierigkeit stark unterscheiden. Ein Kommentar, der z. B. mit „für lateinunkundige Barbaren" betitelt sein kann, enthält besonders viele Angaben und Hilfestellungen. Ein weiterer Kommentar, etwa „für Lateinschüler", beschränkt sich auf die Angabe der schwierigsten Konstruktionen und Formen. Schließlich kann es noch einen Kommentar „für Römer" geben, der kaum Angaben enthält.
Die Schüler sollen sich selbst einschätzen, welchen Kommentar sie benötigen und mit dessen Hilfe den Text übersetzen.

Konkretes Unterrichtsbeispiel:

Aufbereitung des Textes Cic. Cat. IV,1

Pro Romanis	
Video, patres conscripti, in me omnium vestrum ora atque oculos esse conversos, video vos non solum de vestro ac rei publicae, verum etiam de meo periculo esse sollicitos.	Beachte die AcI-Konstruktionen!
Est mihi iucunda in malis et (...) in dolore vestra erga me voluntas (...). Mihi si haec condicio consulatus data est, ut omnis acerbitates, omnis dolores cruciatusque perferrem, feram non solum fortiter, verum etiam libenter, dum modo meis laboribus vobis populoque Romano dignitas salusque pariatur.	*voluntas* hat Bezug zu *iucunda* *consulatus:* Genitiv

variabel

Pro discipulis linguae Latinae	
Video, patres conscripti, in me omnium vestrum ora atque oculos esse conversos, video vos non solum de vestro ac rei publicae, verum etiam de meo periculo esse sollicitos. Est mihi iucunda in malis et (...) in dolore vestra erga me voluntas (...). Mihi si haec condicio consulatus data est, ut omnis acerbitates, omnis dolores cruciatusque perferrem, feram non solum fortiter, verum etiam libenter, dum modo meis laboribus vobis populoque Romano dignitas salusque pariatur.	*patres conscripti*: Vokativ! Beachte die AcI-Konstruktionen *ora atque oculos esse conversos* und *vos esse sollicitos*! *erga me*: gegenüber mir; *voluntas* hat Bezug zu *iucunda*; *consulatus:* Genitiv *feram:* Futur I
Pro barbaris	
Video, patres conscripti, in me omnium vestrum ora atque oculos esse conversos, video vos non solum de vestro ac rei publicae, verum etiam de meo periculo esse sollicitos. Est mihi iucunda in malis et (...) in dolore vestra erga me voluntas (...). Mihi si haec condicio consulatus data est, ut omnis acerbitates, omnis dolores cruciatusque perferrem, feram non solum fortiter, verum etiam libenter, dum modo meis laboribus vobis populoque Romano dignitas salusque pariatur.	*patres conscripti*: Vokativ! Beachte die AcI-Konstruktionen *ora atque oculos esse conversos* und *vos esse sollicitos*! *erga me*: gegenüber mir; *voluntas* hat Bezug zu *iucunda*; *consulatus:* Genitiv *feram:* Futur I; *fortiter* und *libenter*: Adverbien; *meis laboribus*: Abl. Instrumentalis – Womit? *vobis populoque Romano*: Dativ

Schulung der genauen Beobachtungsgabe

Text in Originalfassung und in leicht veränderter Version

Durchführung:

Ein Text wird in seiner Originalfassung allen Schülern präsentiert. Dies kann auch erst nach der Übersetzung erfolgen, dann ist die Übung etwas leichter.
Ein Schüler wird vor die Tür geschickt. Währenddessen verändern die Mitschüler den Text leicht, sei es, dass ein Wort ausgetauscht oder nur eine Form leicht abgewandelt wird.
Daraufhin wird der Schüler wieder hereingeholt und muss nun erkennen, was sich am Text geändert hat.

Konkretes Unterrichtsbeispiel:

Gedicht „Cat. 92"

Originalfassung:

Lesbia mi dicit semper male nec tacet umquam
de me: Lesbia me, dispeream, nisi amat.
Quo signo? Quia sunt totidem mea: deprecor illam
assidue, verum dispeream, nisi amo.

Veränderte Version:

Lesbia mi dicebatt semper male nec tacuit umquam
de me: Lesbia me, dispeream, nisi amabit.
Quo signo? Quia sunt totidem mea: deprecor illas
assidue, verum dispeream, nisi amant.

Weitere Hinweise:

- Bei dieser Methode kann das Schwierigkeitsniveau sehr gut variiert werden, indem die eingebauten Veränderungen mehr oder weniger offensichtlich sind. Auf diese Weise bietet sich auch eine Möglichkeit zur Differenzierung.
- Wird der Text am Computer präsentiert, können die Veränderungen leicht vorgenommen werden.

kritische Auseinandersetzung mit dem Inhalt des Gelesenen, Hineinversetzen in die Gedankengänge eines Autors

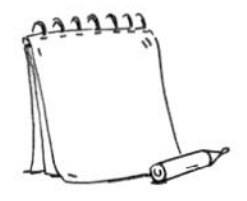

keine

Durchführung:

Die Schüler bekommen die Aufgabe, in einen Dialog mit dem Autor zu treten. Dabei müssen sie selbst die Aussagen des Autors verfassen, indem sie sich überlegen, wie dieser aus seiner Gedankenwelt heraus wohl argumentiert hätte. Auf der anderen Seite stehen die Aussagen der Schüler, die zustimmend oder ablehnend gegenüber den Aussagen des Autors sind, sodass ein abwechslungsreicher Dialog entsteht.
Diese Methode eignet sich vor allem, um die Beschäftigung mit einem Autor abzuschließen, da sie viel Wissen über das Denken des Autors voraussetzt.

Konkretes Unterrichtsbeispiel:

Ein Dialog mit Seneca über sein Verständnis von gelingendem Leben

Folgende Sichtweisen des Autors sowie mögliche Einwände der Schüler könnten im Dialog genannt werden:

Sichtweise Senecas	Evtl. Sichtweise der Schüler bzw. Einwände
Glück ist das höchste Lebensziel.	Was ist Glück? Wie kann es definiert werden?
Glück wird erreicht über die „Apathie", den unerschütterlichen Geist (stoische Gelassenheit).	Der Mensch ist keine Maschine, sondern ein Gefühlswesen, das seine Emotionen durchaus mit anderen Menschen teilen kann und soll.
Der Mensch ist ein Vernunftwesen – die *virtus* lenkt den Menschen und unterscheidet ihn vom Tier.	Die *virtus* lenkt nicht immer und auch nicht jeden (sehr idealistisches Menschenbild!). Das menschliche Wesen wird auf die Vernunft verknappt. Was ist mit Intuition und „Bauchgefühl"?
Der Einsatz für den Staat ist wichtig für ein gelingendes Leben.	Wieso muss ich mich als Individuum für den Staat einsetzen? Genügt nicht ein Kreis von vertrauten Personen um mich herum?

Weiterer Hinweis:

Steht viel Zeit zur Verfügung, kann der Dialog ausgebaut werden zu einem szenischen Spiel bzw. zu einem Gespräch, das ähnlich einer Talkshow aufgezeichnet wird.

Vorarbeit für eine Interpretation, Erkennen von Wesenszügen einer Person

Text über verschiedene Charaktere

Durchführung:

Nach der Lektüre eines Textes sollen zu den verschiedenen Personen, die darin vorkommen, Charakteristiken erstellt werden. Die Informationen aus dem Text werden dafür herangezogen, am besten mit Originalzitaten.
Vertieft werden kann die Methode dadurch, dass die Schüler die Aufgabe bekommen, ein Rollengespräch zu erarbeiten.
Die Schüler schlüpfen dabei in die Rollen der zu charakterisierenden Figuren. Mit den Informationen, die sie dem Text entnehmen können, sollen die Schüler nun ein Gespräch zwischen Figuren entwickeln, das anschließend den Mitschülern vorgestellt werden kann und das die wesentlichen Informationen zu den Charakterzügen der Figuren enthält.

Unterrichtsbeispiele:

- Feldherrnreden im *Bellum Gallicum*
- Charakteristik von Lesbia und Catull (nach oder während der Lektüre von Catulls Lesbiazyklus)
- Metamorphosen Ovids, z. B. Philemon und Baucis, Apoll und Daphne, Narziss und Echo

Weiterer Hinweis:

Alternativ kann auch nur eine zu charakterisierende Figur besetzt werden, wenn es z. B. der Text nicht anders zulässt. Die Aufgabe besteht dann darin, die Figur mit ihren Gedankengängen darzustellen, also in einer Art innerem Monolog, sodass auch daraus ihr Charakter ersichtlich wird.

5 Min.

Übung für die Fantasie, Schulung der Empathie

keine

Durchführung:

Zum gelesenen Text machen die Schüler eine vom Lehrer angeleitete Gedankenreise, in der der Inhalt des Textes nachvollzogen wird.
Auf diese Weise können sie sich in die Handlung hineinversetzen und Anregungen für die Interpretation gewinnen.

Konkretes Unterrichtsbeispiel:

Pliniusbriefe, z. B. wenn man die Beschreibung der Villa des Plinius gelesen hat.

Eine Reise durch die Villa des Plinius gemäß ep. II,17 könnte folgendermaßen aussehen:

Stell dir vor, du läufst auf einem sandigen Weg. Immer wieder kommst du auch durch Wälder. Dort wird der Weg etwas enger. Doch wenn du die Wälder verlässt, stehst du auf weiten Wiesen. So gehst du eine Weile dahin, bis du zu einem Landhaus direkt an der Küste gelangst. Du staunst über die Ausmaße der Villa, die durchaus geräumig wirkt. Neugierig betrittst du das Landhaus und stehst in einem schlichten, aber ordentlichen Atrium. Von dort gelangst du in eine Säulenhalle, die wie der Buchstabe „D" aufgebaut ist. Über den überdachten Innenhof erreichst du das Speisezimmer, von wo aus man einen hervorragenden Blick auf das Meer hat. Durch die vielen Fenster und Türen, die weitgehend verglast sind, ist der Raum sehr hell und angenehm.
Mit diesen Eindrücken beendest du deine Reise durch die Villa des Plinius und kommst wieder zurück hierher, in diesen Raum.

Weitere Unterrichtsbeispiele:

- Texte, die eine tatsächliche Handlung beinhalten, wie etwa die Metamorphosen Ovids oder die Fabeln des Phaedrus.
- Lehrbuchtexte

Weiterer Hinweis:

Die Methode eignet sich gut, wenn anstrengende Unterrichtsphasen vorüber sind.

Vertiefung eines gelesenen Textes

evtl. Charakterbilder zu den handelnden Figuren eines Textes

Durchführung:

Nach der Übersetzung eines Textes kann eine intensivere Auseinandersetzung mit den Charakteren des Textes über ein Interview erfolgen.
Dazu ist es zunächst notwendig, dass die Charaktere mit ihren Eigenschaften klar beschrieben werden. Entweder werden diese Charakterbilder von den Schülern erstellt, auch in Kooperation mit dem Lehrer, oder der Lehrer gibt sie bereits vor. Mithilfe der Notizen sollen die Schüler dann ein Interview führen, in dem die verschiedenen Sichtweisen der Charaktere zum Tragen kommen. Ein Schüler schlüpft dabei in die Rolle des Reporters, der das Interview führt. Seine Aufgabe ist es, sich passende Fragen zu überlegen.
Je nach Text kann es mehrere Schüler geben, die interviewt werden. Sie setzen sich intensiv mit den jeweiligen Charakterbildern auseinander und geben im Interview entsprechende Antworten.

Unterrichtsbeispiele:

- Catulls Lesbia-Gedichte
- Zahlreiche Epigramme Martials und Catulls
- Ein Großteil der Metamorphosen Ovids
- Texte aus Caesars *Bellum Gallicum*, etwa die großen Reden
- Reden und Briefe Ciceros

Weiterer Hinweis:

Ein Interview kann sehr gut mit einem szenischen Spiel kombiniert werden.

Diskussion zu einem Thema anstoßen, Meinungsaustausch

keine

Durchführung:

Die Klasse stellt sich in zwei konzentrischen Kreisen auf, sodass die Schüler im äußeren Kreis nach innen blicken, die Schüler im inneren Kreis nach außen. Außerdem steht jeder einem Partner gegenüber.
Die Schüler sollen sich nun mit ihrem Partner zu einem bestimmten Thema austauschen. Nach einer vorgegebenen Zeit (je nach Komplexität des Themas variabel) und auf ein zuvor vereinbartes Signal dreht der äußere Kreis im Uhrzeigersinn zwei Positionen weiter, sodass jeder einen neuen Diskussionspartner bekommt. Diesen Vorgang kann man beliebig oft wiederholen.
Am Ende sollen die Schüler verschiedene Meinungen gehört haben und auf diese Weise ihr eigenes Urteil begründen können.

Unterrichtsbeispiele:

- Frage nach dem Umgang mit Sklaven in der Antike (Sen. ep. mor. 47; Cic. Ep. ad fam. XIII,77,3)
- Philosophische Fragen: Was ist Glück? (z. B. Cic. de fin. 1,37; 3,27–29), Was ist der Sinn des Lebens? (z. B. Sen. de vita beata 16; 18), Was ist der richtige Umgang mit unserer Zeit? (z.B. Sen ep. mor. 1)
- Kritik am Imperialismus (z. B. Caesar De Bello Gallico I,17; V,6; VII,77)

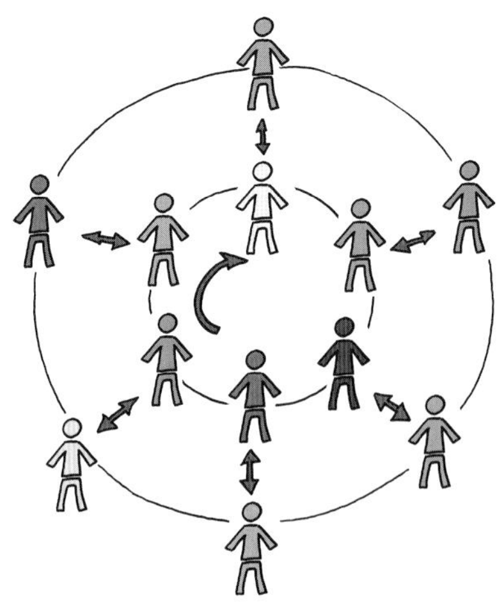

4.6 Rollenspiel

20–30 Min. 

Begegnung mit den Charakteren einer Geschichte

Informationskarten mit den Rollenbeschreibungen der einzelnen Personen

Durchführung:

Die Schüler werden in verschiedene Gruppen eingeteilt und bekommen die Aufgabe, ein Rollenspiel vorzubereiten. Alternativ werden aus der Klasse Freiwillige gewählt, die das Rollenspiel vortragen; die anderen Schüler sind dann lediglich Zuschauer mit Beobachtungsauftrag. In beiden Fällen bekommen die Schüler Informationskarten mit der Beschreibung ihrer Rolle. Der Lehrer weist darauf hin, dass sie sich in ihrer Rolle genau nach dem vorgegebenen Muster verhalten sollen. Die Situation soll einer Entscheidung zugeführt werden, die im Anschluss mit dem Ausgang der tatsächlichen Geschichte verglichen wird.

Konkretes Unterrichtsbeispiel:

Abschließend zur Lektüre von Catulls Lesbiagedichten könnte ein Rollenspiel mit *amator* und Lesbia gemacht werden. Dabei sind folgende Rollenbeschreibungen denkbar:

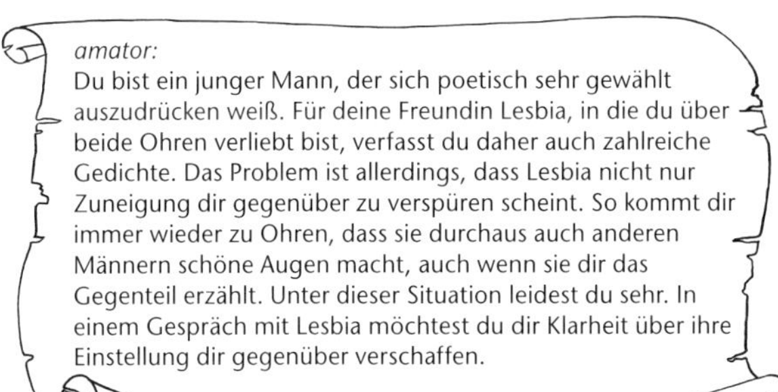

amator:
Du bist ein junger Mann, der sich poetisch sehr gewählt auszudrücken weiß. Für deine Freundin Lesbia, in die du über beide Ohren verliebt bist, verfasst du daher auch zahlreiche Gedichte. Das Problem ist allerdings, dass Lesbia nicht nur Zuneigung dir gegenüber zu verspüren scheint. So kommt dir immer wieder zu Ohren, dass sie durchaus auch anderen Männern schöne Augen macht, auch wenn sie dir das Gegenteil erzählt. Unter dieser Situation leidest du sehr. In einem Gespräch mit Lesbia möchtest du dir Klarheit über ihre Einstellung dir gegenüber verschaffen.

Lesbia:
Du bist eine junge, hübsche Dame, die mit ihren Reizen nicht geizt und dementsprechend die Männer locker um den Finger wickelt. Für dich ist das alles ein Spiel – auch, wenn es schon den einen oder anderen gibt, der dir ganz gut gefällt, wie z. B. einen jungen Dichter, der dich in seinen Liebesgedichten anhimmelt. Er hat dich um ein Gespräch gebeten, weil er Klarheit über deine Gefühle für ihn möchte.

Weitere Unterrichtsbeispiele:

- Das Urteil des Paris
- Metamorphosen Ovids (Apoll und Daphne, Jupiter und Europa …)
- Gedichte aus dem Lesbia-Zyklus Catulls

Weiterer Hinweis:

Handelt es sich um eine sehr gute Klasse, können die Schüler die Rollenkarten auch selbst entwerfen. In diesem Fall bietet es sich an, die Schüler in Gruppen einzuteilen, sodass verschiedene Rollenspiele entstehen, von denen dann eines zur Durchführung ausgewählt werden kann.

Austausch von Gedanken zu einem Thema

große Papierbögen mit (provokanten) Aussagen zu einem Thema

Durchführung:

Nach der Bearbeitung eines Textes bekommen die Schüler Aussagen zu dessen Inhalt präsentiert. Diese können durchaus provokant sein. Die Schüler sollen auf jedem Papierbogen ihre Meinung zu der jeweiligen Aussage notieren. Dabei sprechen sie nicht, sondern sind wirklich nur mit Schreiben beschäftigt. Selbstverständlich sollen sie auch Aussagen, die ein Mitschüler aufgeschrieben hat, nochmals kommentieren, sodass tatsächlich ein „Gespräch" entsteht.

Konkretes Unterrichtsbeispiel:

Nach der Lektüre des Briefes 47 von Seneca zum Umgang mit Sklaven könnten folgende Thesen jeweils auf ein großes Blatt geschrieben werden:

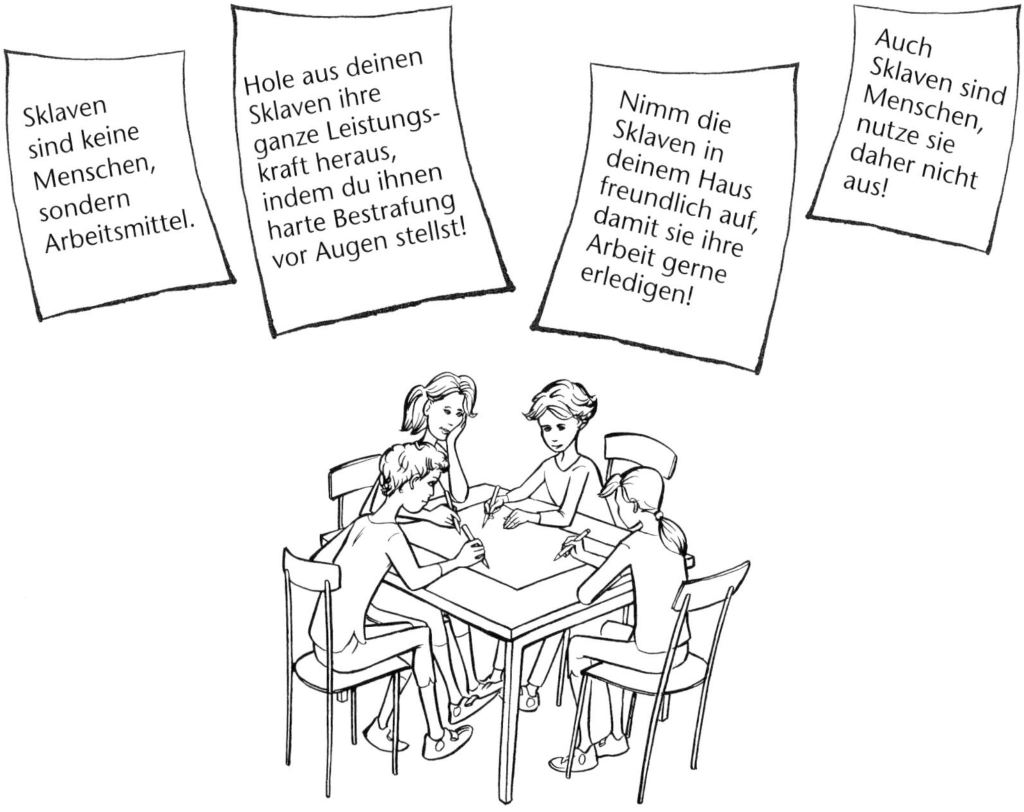

Sklaven sind keine Menschen, sondern Arbeitsmittel.

Hole aus deinen Sklaven ihre ganze Leistungskraft heraus, indem du ihnen harte Bestrafung vor Augen stellst!

Nimm die Sklaven in deinem Haus freundlich auf, damit sie ihre Arbeit gerne erledigen!

Auch Sklaven sind Menschen, nutze sie daher nicht aus!

4.8 Steckbrief

5–10 Min.

inhaltliche Vertiefung eines gelesenen Textes, Analyse der Charaktere

evtl. Steckbriefe mit Bildern der zu beschreibenden Person, jedoch ohne Text

Durchführung:

Nach der Lektüre eines Textes können die Charaktere mit Steckbriefen tiefergehend analysiert bzw. interpretiert werden. Die Aufgabe lautet, aus dem Text möglichst viele Informationen über die jeweilige Person herauszufinden und damit einen Steckbrief zu erstellen, ähnlich auch den bei jüngeren Schülern beliebten Freundschafts-Büchern, in denen neben persönlichen Daten auch diverse Lieblingsdinge abgefragt werden.
Außerdem bieten sich Steckbriefe an, um Informationen über die Autoren der Texte zu sammeln.

Konkretes Unterrichtsbeispiel:

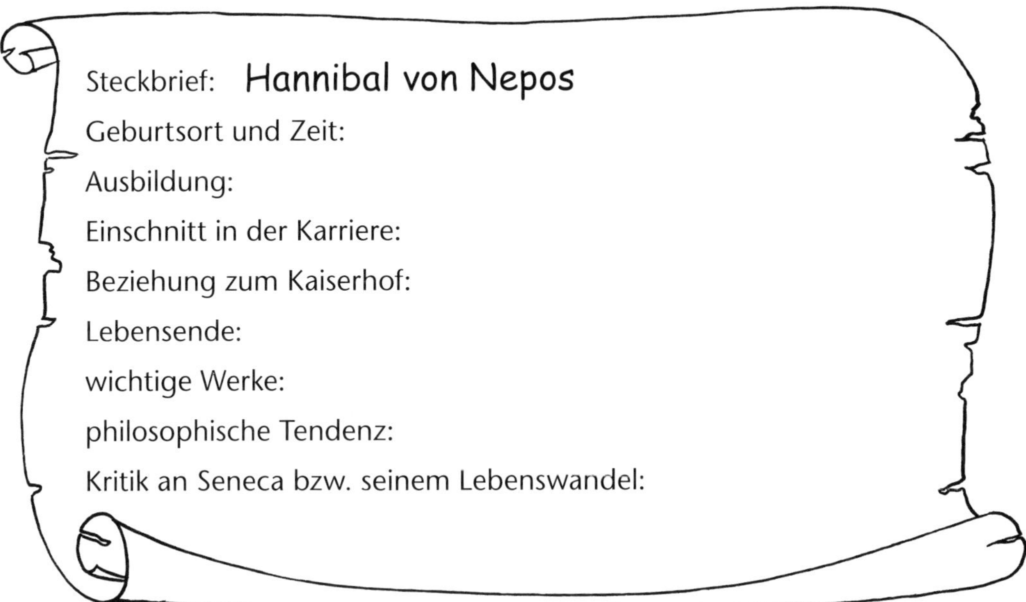

Steckbrief: Hannibal von Nepos

Geburtsort und Zeit:

Ausbildung:

Einschnitt in der Karriere:

Beziehung zum Kaiserhof:

Lebensende:

wichtige Werke:

philosophische Tendenz:

Kritik an Seneca bzw. seinem Lebenswandel:

Weiterer Hinweis:

Will man den Schülern mehr Freiheit lassen, bekommen sie keine Vorgabe, was im Steckbrief stehen soll. Der Kreativität der Schüler sind dann fast keine Grenzen gesetzt. Vorgabe ist nur, dass die Informationen den gelesenen Texten zu entnehmen sein müssen.

Zusammenfassung eines gelesenen Textes in Form einer szenischen Interpretation, inhaltliche Vertiefung eines Textes, affektive Verarbeitung

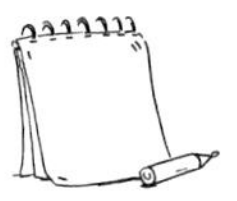

evtl. Requisiten

Durchführung:

Nach der Lektüre / Übersetzung eines Textes kann die beschriebene Situation in einem Standbild zusammengefasst werden. Auf diese Weise vertiefen die Schüler nochmals das Textverständnis und versetzen sich in die Situation hinein.

Alternativ bekommen die Schüler die Aufgabe, eine Szene eines gelesenen Textes bzw. einen kompletten Text nachzuspielen. Bietet die Vorlage genügend Rollen, kann die szenische Interpretation für die ganze Klasse gleichzeitig stattfinden. Sind nur wenige Rollen zu vergeben, können die Schüler auch in Gruppen eingeteilt werden, die eine Szene zu interpretieren haben. Die einzelnen Darbietungen können dann verglichen und gegebenenfalls verschiedene Schwerpunktsetzungen erarbeitet werden.

Unterrichtsbeispiele:

- Die Metamorphosen Ovids (Pyramus und Thisbe, Apoll und Daphne ...)
- Livius (Coriolan, Mucius Scaevola ...)
- Die Critognatus-Rede aus dem *Bello Gallico* oder die Reaktion der Gallier auf diese Rede

Weiterer Hinweis:

Alternativ kann ein Standbild bereits zu Beginn der Beschäftigung mit einem Text stehen. Nach dem ersten Lesen werden die Personen identifiziert und der grobe Inhalt wird dargestellt. Das Standbild kann fotografiert werden.
Am Ende der Beschäftigung mit dem Text sollen die Schüler nochmals ein Standbild kreieren. Diese zweite Version wird mit der Anfangsversion verglichen. Eventuelle Unterschiede können thematisiert werden.

intensive Auseinandersetzung mit einem lateinischen Text

evtl. digitale Version des zu bearbeitenden Textes

Durchführung:

Die Schüler erhalten die Aufgabe, den zu übersetzenden Text dahingehend zu bearbeiten, dass sie eine kommentierte Textausgabe erstellen sollen. Dabei sollen sie schwierige oder unbekannte Vokabeln erklären, auf grammatikalische Erscheinungen hinweisen und Fragen zum Inhalt formulieren.
Idealerweise werden die Schüler in Gruppen eingeteilt und bekommen nur einen Auszug des insgesamt in der Sequenz zu übersetzenden Textes zur Bearbeitung. In den Gruppen beschäftigen sich die Schüler dann mit ihren jeweiligen Abschnitten und bereiten diese so auf, dass sie alle Fragen, die sie selbst im Hinblick auf den Text haben, mit Anmerkungen klären. Auf diese Weise entsteht eine Textausgabe, die keine Fragen mehr offen lassen sollte. Gleichzeitig werden die Schüler zu Experten für ihren Abschnitt, sodass sie diesen mit ihren Mitschülern erarbeiten können, gewissermaßen im Verfahren „Lernen durch Lehren".

Unterrichtsbeispiele:

Geeignet für diese Methode sind leichtere Texte in der Originalsprache, beispielsweise während der Übergangslektüre die Fabeln des Phädrus oder die *Historia Apollonii regis Tyri.*

Weiterer Hinweis:

Werden die zu bearbeitenden Abschnitte so verteilt, dass mehrere Gruppen die gleiche Passage bekommen, können Textausgaben mit unterschiedlichem Schwierigkeitsniveau entstehen, abhängig davon, welche Anmerkungen die Schüler einfügen. Als Lehrer kann man dies dahingehend lenken, dass man den gleichen Text unterschiedlich leistungsstarken Gruppen gibt. Auf diese Weise bietet die Methode auch die Möglichkeit zur Binnendifferenzierung an.

eigenständiges Arbeiten üben

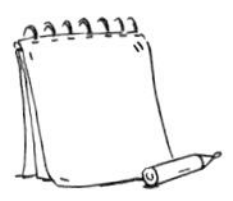

zu bearbeitenden Stoff (z. B. Grammatik) mit Aufgaben zur Erschließung und Übung

Durchführung:

Die Schüler bekommen den Auftrag, sich bestimmte Inhalte selbstständig zu erarbeiten. Je nach Umfang der zu bewältigenden Aufgaben können diese innerhalb einer Stunde oder im Rahmen der Wochenplanarbeit erledigt werden. Kernstück des eigenverantwortlichen Arbeitens sollte immer ein Übersetzungstext sein. Zusätzlich werden Aufgaben gestellt, die die relevante Grammatik einüben sowie den dazugehörigen Wortschatz abfragen.

Unterrichtsbeispiel:

Besonders geeignet sind Grammatikthemen, die nicht allzu komplex sind und daher keiner vertieften Erklärung durch den Lehrer bedürfen, z. B. die Steigerung der Adjektive.

Weiterer Hinweis:

Eigenverantwortliches Arbeiten eignet sich besonders gut für eine Differenzierung, sowohl quantitativ als auch qualitativ. Bessere Schüler können gleich schwerere Aufgaben bekommen. Außerdem können Sie den langsameren Schülern helfen, wenn sie selbst schon fertig sind.

Durchdringung eines gelesenen Textes im Hinblick auf Grammatik und Inhalt

keine

Durchführung:

Nach der Lektüre eines Textes, d. h., wenn bereits eine Übersetzung erstellt worden ist und der Inhalt besprochen wurde, sollen die Schüler Fragen im Hinblick auf den Text formulieren. Dabei können sie sowohl Wortschatz als auch Grammatik und Inhalt einbeziehen.
Anschließend schlüpfen die Schüler in die Lehrerrolle, indem sie ihre Fragen an ihre Mitschüler richten.
Alternativ können auch Gruppen gebildet werden, die gegeneinander antreten. Ziel ist es dann, die meisten richtigen Antworten zu geben.

Weitere Hinweise:

- Diese Methode kann besonders gut als Zusammenfassung am Ende einer Stunde bzw. auch als Wiederholung in einer Folgestunde angewendet werden.
- Sie bietet sich auch für die Binnendifferenzierung an. Werden die Fragen, die zum Text gestellt werden, mit Namen versehen und eingesammelt, kann der Lehrer Einblicke gewinnen, inwiefern die Schüler den Text durchdrungen haben. Darauf aufbauend kann sich eine gezielte Rückmeldung bzw. Förderung anschließen.
- Die Schüler können für die Beantwortung der Fragen in entsprechende Gruppen eingeteilt werden, die sich aus Schülern gleicher Leistungsstärke zusammensetzen.

5 Min.

Festigung bzw. Wiederholung von Lernstoff

ruhige Musik, z. B. ein Largo von Händel

Durchführung:

Während ruhige Musik läuft, fasst der Lehrer oder ein Schüler den in der Stunde behandelten Stoff zusammen. Diese Methode eignet sich als Stundenabschluss, der die wichtigsten Ergebnisse der Stunde sichert. Die Schüler wiederholen hierbei das Gelernte bereits in unmittelbarem Anschluss an die Behandlung im Unterricht, sodass eine nachhaltigere Verankerung erreicht werden kann.

Gerade am Ende einer Stunde neigen Schüler dazu, unruhig zu werden. Genau dieser Hektik, die oft auch dazu führt, dass Hausaufgabenstellungen oder Abschlussbemerkungen im allgemeinen Trubel untergehen, kann man mit dem Largo entgegenwirken.

Weiterer Hinweis:

Verbunden werden kann diese Methode mit einer mündlichen Note, wenn ein Schüler gewissermaßen als Kurzreferat den Inhalt der Stunde zusammenfasst.

5–10 Min.

Zusammenfassung und Sicherung bzw. Wiederholung von Textinhalt

evtl. Vordruck mit 160 Zeichen zur besseren Orientierung für die Schüler

Durchführung:

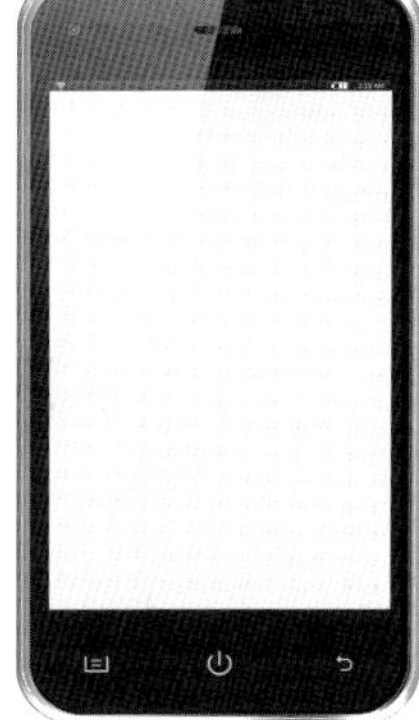

Nach der Übersetzung eines Textes, entweder zur Zusammenfassung oder auch als Wiederholung in einer Folgestunde, bekommen die Schüler die Aufgabe, den Inhalt des Textes mit 160 Zeichen zusammenzufassen, wie es dem Standard bei einer SMS entspricht. Die Herausforderung besteht darin, alle wesentlichen Elemente in die knappe Form von 160 Zeichen zu bringen. Damit die Schüler nicht anfangen müssen, die Zeichen zu zählen, kann ihnen ein Vordruck mit 160 kurzen Linien ausgeteilt werden.
Die Methode kann auch als Wettbewerb verpackt werden, wobei es darauf ankommt, den behandelten Text inhaltlich vollständig und mit möglichst wenigen Zeichen zusammenzufassen.

Konkretes Unterrichtsbeispiel:

Die Darstellung des goldenen Zeitalters bei Ovid (Met. I,89–112) könnte in einer SMS folgendermaßen aussehen:

keine Gesetze, aber alle leben glücklich in ewigem Frühling ohne Krieg und harte Arbeit, da Natur Lebensmittel von sich aus gibt

Weiterer Hinweis:

Die Methode kann nicht nur zur Zusammenfassung von Textinhalten herangezogen werden, sondern auch für Grammatik. So könnten z. B. die Regeln zur Übersetzung eines AcI in einer SMS verpackt werden:

Akkusativ wird zum Subjekt im dass-Satz, Infinitiv zum Prädikat (Inf. Präsens – gleichzeitig, Inf. Perfekt vorzeitig, Inf. Futur nachzeitig)

variabel

Zusammenfassung und Visualisierung des Gelernten

große Blätter für Plakate, evtl. selbstklebende Notizzettel

Durchführung:

Die Schüler bekommen in Gruppen oder auch einzeln die Aufgabe, zu einem bestimmten Thema Plakate zu gestalten. Diese sollen möglichst kreativ sein und die wichtigsten Informationen enthalten.
Im Anschluss stellen die Schüler ihre Werke vor. Die Plakate können im Klassenzimmer ausgehängt werden, sodass sie von allen Schülern jederzeit gelesen werden können.

Unterrichtsbeispiel:

Zur Wiederholung von Grammatik bietet es sich an, Lernplakate zu gestalten, die ein Thema, z. B. den AcI, zusammenfassen und alle wichtigen Informationen übersichtlich darlegen.

Weitere Hinweise:

Werden die Plakate im Klassenzimmer für einen längeren Zeitraum aufgehängt, können die Schüler jederzeit Ergänzungen vornehmen oder Tipps bzw. Strategien, die sie entwickelt haben, einfügen.
Dazu werden selbstklebende Notizzettel neben die Plakate gelegt, auf denen die Schüler ihre Ergänzungen notieren und an die entsprechende Stelle kleben können.

45 Min.

Wiederholung verschiedener Themen aus dem Unterricht

evtl. Material, mit dem die Schüler ihr Wissen reaktivieren können

Durchführung:

Die Schüler erstellen selbstständig Arbeitsblätter zur Wiederholung verschiedener Themen aus dem Lateinunterricht, z. B. zu verschiedenen Grammatikthemen, zum Wortschatz, aber auch zum Sachwissen.
Dabei sollen sie bevorzugt auf Themen zurückgreifen, die ihnen selbst Schwierigkeiten bereiten, um sich intensiv damit auseinanderzusetzen und dadurch zu lernen.
Anschließend werden die Arbeitsblätter an die Mitschüler ausgeteilt, die die Aufgaben bearbeiten.

Weitere Hinweise:

- Besonders am Ende der Lehrbuchphase (Spracherwerbsphase) kann diese Methode sinnvoll sein, um nochmals einen Durchgang durch die gesamte Grammatik zu machen und wichtige Themen zu wiederholen.
- Auf diese Weise kann von jedem Schüler ein aussagekräftiger Unterrichtsbeitrag gewonnen werden.
- Zudem werden bestehende Wissenslücken aufgedeckt.

Förderung der Zusammenarbeit und gegenseitigen Hilfestellung

Flip-Chart oder Tafel

Durchführung:

Im Klassenzimmer wird dauerhaft eine Möglichkeit angeboten, Notizen an ein „Schwarzes Brett" zu heften. Dabei sollen sich die Schüler über Themen, die ihnen schwer fallen, austauschen, sodass sie einander auf diese Weise ihre Hilfe anbieten können.

Weitere Hinweise:

- Diese Methode ist an keinen bestimmten Stoff geknüpft, sondern soll vielmehr dazu dienen, dass sich die Schüler austauschen und gegenseitig helfen.
- Das Schwarze Brett kann dazu beitragen, Hemmungen, die man beim Zugeben von eigenen Schwächen hat, zu überwinden, indem man sie verschriftlicht.

Nachholbedarf erkennen und darauf aufbauend vorhandene Lücken schließen

Fragebogen zur Selbsteinschätzung

Durchführung:

Jeder Schüler bekommt einen Fragebogen, auf dem Fragen zum aktuellen Wissensstand stehen. Diese sollen ehrlich beantwortet werden, z. B. mithilfe einer Notenskala. Im Gespräch mit dem Lehrer wird dann geklärt, wie die Selbsteinschätzung mit der Fremdeinschätzung harmoniert. Anschließend werden Strategien entwickelt, wie die vorhandenen Lücken geschlossen werden können bzw. ein guter Leistungsstand zu halten ist.

Konkretes Unterrichtsbeispiel:

Ein Fragebogen könnte etwa so aussehen:

	Note 1	Note 2	Note 3	Note 4	Note 5	Note 6
Wortschatzkenntnisse						
Formenlehre Verb						
Formenlehre Nomen						
Grammatikwissen allgemein						
Übersetzung AcI						
Übersetzung NcI						
Übersetzung Abl. abs.						
Partizipialkonstruktionen						
Sachwissen						

Die Schüler kreuzen nach ihrer eigenen Einschätzung die jeweilige Note an, die sie sich selbst geben würden.

Weiterer Hinweis:

Die Selbsteinschätzung dient sowohl dem Schüler als auch dem Lehrer. Sie zeigt beiden Seiten, wo Schwächen vorhanden sind, wie diese gesehen werden und woran folglich gearbeitet werden muss.

5.10 Spickzettelmethode

5 Min.

Erkennen der wichtigsten Aspekte des Lernstoffs und deren Zusammenfassung

keine

Durchführung:

Die Schüler bekommen den Auftrag, die wichtigsten Aspekte des aktuellen Stoffes zusammenzufassen und zu notieren. Ziel soll es sein, einen Spickzettel zu verfassen, der die Informationen enthält, die in den Augen der Schüler für eine Schulaufgabe oder eine andere Leistungserhebung besonders wichtig sind.
Als mögliche Themen für einen solchen Spickzettel bietet sich Grammatik an, ebenso wie Wortschatz oder Sachwissen.

Konkretes Unterrichtsbeispiel:

Ein Beispiel für einen Spickzettel zum AcI könnte folgendermaßen aussehen:

*Accusativus **c**um **I**nfinitivo*
nach einleitenden Verben des Sagens, Fühlens, Denkens
Übersetzung mit „dass", A wird zu Subjekt, I zum Prädikat
Bsp.: *Sentio te beatum esse.*
Ich merke, dass du glücklich bist.

Weiterer Hinweis:

Die Schüler können ihre Notizen auch austauschen, um zu sehen, was ihre Mitschüler für wichtig halten. Auf diese Weise bekommen sie vielleicht Anregungen für den eigenen Spickzettel.

Binnendifferenzierung und individuelles Lerntempo unterstützen

verschiedene Stationen mit Materialien

Durchführung:

Zu einem bestimmten Thema werden verschiedene Materialien vorbereitet, sei dies nun in der Lehrbuchphase ein Kapitel im Buch mit dem jeweiligen Grammatikstoff und Sachwissen oder eine Einheit in der Lektürephase.
Wichtig ist, dass die Stationen Material zum Übersetzen, zum Inhalt bzw. Sachwissen und zur Grammatik bieten.
Es kann zwischen Pflicht- und Wahlstationen unterschieden werden. Bestimmte Aufgaben müssen somit von allen Schülern gelöst werden, während andere zur Auswahl gestellt werden.
Die Schüler entscheiden selbst, in welcher Reihenfolge sie die einzelnen Stationen aufsuchen wollen. Zudem können sie das Arbeitstempo selbst bestimmen. Auf einem Laufzettel halten sie fest, welche Stationen sie bereits bearbeitet haben.
Es sollten Lösungen bereitgestellt werden, sodass die Schüler ihre Ergebnisse eigenständig überprüfen können.

Weiterer Hinweis:

Diese Methode bietet eine gute Möglichkeit für eine Binnendifferenzierung. Pflichtstationen sind die Stationen, die den unverzichtbaren Kern des Themas beinhalten. Schnellere bzw. leistungsstärkere Schüler können dann mehr Stationen mit einer tiefergehenden Behandlung des Themas bearbeiten.

5.12 Zeitungsbericht über die Stunde

10 Min.

Sicherung bzw. Wiederholung des Gelernten

keine

Durchführung:

Am Ende einer Stunde bekommen die Schüler den Auftrag, einen knappen Zeitungsbericht über die Unterrichtsstunde zu schreiben. Dabei sollen in dem Bericht die wichtigsten Ergebnisse der Stunde zusammengefasst werden, um das Wesentliche nochmals klar herauszustellen.

Konkretes Unterrichtsbeispiel:

Nach der Lektüre (in Auszügen) des Pliniusbriefes zum Vesuvausbruch könnte ein Zeitungsartikel etwa folgendermaßen aussehen:

Flammendes Inferno über Pompeji
Der Vesuv, der Berg vor den Toren Pompejis, ist aus seinem Schlaf aufgewacht und hat sich als Vulkan zu erkennen gegeben. Mit aller zerstörerischen Macht ist er über Pompeji hereingebrochen. Der Ausbruch ereignete sich am 24. August um die Mittagszeit, sodass der Tag zur Nacht wurde. Die Eruption beförderte eine derart große Menge an Auswurfmaterial in den Himmel, dass ganz Pompeji dadurch begraben wurde, als die Steine wie Regen wieder vom Himmel fielen. Nur wenige Menschen konnten gerettet werden. Spezieller Dank gilt an dieser Stelle dem Flottenkommandanten von Misenum, C. Plinius, der nicht zögerte, in das Chaos zu segeln, um Menschen zu retten. Auf tragische Weise fand er dabei selbst den Tod. Lesen Sie mehr dazu auf unseren Sonderseiten zum Vesuvausbruch.

Weiterer Hinweis:

Mit dieser Methode können gut Unterrichtsbeiträge eingeholt werden.

5.13 ABC-Methode

5–10 Min. 

Erstellung eines ABCs zu einem bestimmten Thema bzw. zur Aktivierung von Wortschatz

evtl. Plakat mit den Buchstaben des Alphabets

Durchführung:

Der Lehrer teilt den Schülern das Thema mit, zu dem sie ein ABC erstellen sollen. Zu jedem Buchstaben muss ein Wort gefunden werden, das mit diesem beginnt und gleichzeitig in die vorgegebene Kategorie passt. Im Grunde ist diese Methode eine Art Brainstorming, das in engeren Bahnen geleitet wird. Das ABC kann sowohl mit deutschen als auch mit lateinischen Wörtern erstellt werden, je nachdem, ob man Wortschatz oder Sachwissen wiederholen möchte.

Konkretes Unterrichtsbeispiel:

Zum Thema „Das Ende der römischen Republik" könnte ein ABC folgendermaßen aussehen:

Actium
Brutus
Cleopatra
Dyrrhachium
Ermordung Caesars
Feldzüge
...

Weitere mögliche Sachthemen:

- Sklaverei
- Kriegswesen
- Verwaltung des römischen Reiches

Weiterer Hinweis:

Bei manchen Buchstaben unseres Alphabets müssen Zugeständnisse gemacht werden, vor allem bei den Buchstaben X, Y und Z. Aber auch die im Lateinischen quasi nicht existierenden Buchstaben K und J können ausgelassen werden, wenn es darum geht, lateinische Wörter zu finden.